THE
SACRED
FOREST

神聖森林神諭卡

說明書

丹妮絲．琳恩（Denise Linn）／著

史考特．布雷登塔爾（Scott Breidenthal）／封面設計．許淑媛／譯

目錄

作者對於神聖森林的註解

這些牌卡是醞釀已久的夢想成真。

我在17歲時經歷的一場瀕死體驗開啟了我的靈性探索。在那次創傷事件發生後的幾天裡,我開始感應到一處非凡的內在境界。每當我身處大自然時,都能看到另一個光與聲的維度。每一片草葉都閃爍著光芒,散發著柔和音調。草葉的合奏聲,宛如上千名聲音高亢的小僧侶在合誦。樹木熠熠生輝,每片葉子都閃閃發光,並發出低沉洪亮的轟鳴聲。隨著我更深入體驗周遭世界的頻率和能量時,我意識到一座神祕且神聖的森林,這座森林與我所處的現實世界只隔著一個維度的距離。

雖然看不到它,但我知道這座森林確實存在,並且就在附近。我能感覺到它。我想知道其他人是否也感應到了同樣的神祕森林。也許那些撰寫《西藏香巴拉》(Tibetan Shambhala)、《亞法隆迷霧》(the Mist of Avalon)、甚至《澳洲夢幻時代》(Australian Dreamtime)等神話傳說的人也曾瞥見過它。

在這座森林裡，我發現了一片特殊的草地，一片具有療癒與平衡作用的草地。我對這個地方十分著迷，甚至將女兒命名為「草地」（Meadow）。在為她命名時，我從未聽說過有人叫這個名字。

在靜心冥想中，我開始一次又一次探訪這座森林，尤其是這片草地。每次進入這處神聖的青翠領域後，當我回到清醒的意識時，我都會感到神清氣爽、煥然一新。對我來說，它是庇護所和避風港，我開始想著它是否會對其他人產生相同效果。

隨著靈性旅程的進展，我舉辦了研討會，帶領人們進入這座魅力森林，進行內在之旅。有時候，他們在冥想中會造訪這片神聖草地；有時候，他們會漫步在森林裡的蜿蜒小路上。我從未告訴任何人，事實上，他們正進入一個神祕的領域。他們以為這只是一次普通的冥想引導而已。

然而，多年來我收到數以萬計的信函和電子郵件，來自那些接受了冥想引導進入神聖森林後體驗到療癒的人們。例如，就在最近，我收到一位女士寄來的電子郵件，她在參加完我舉辦的一次活動後安排了一場手術。她寫道，進入神聖森林的內在冥想之旅

後，她感到精力充沛、煥然一新。幾天後，在術前檢查中，醫生告訴她，她的腫瘤消失了，不需要動手術了。她認為這是一個奇蹟。

我設計了這副神諭卡，裡面每張牌都是通往神聖森林特殊療癒領域的入口。雖然不能保證每個進行這些內在旅程的人都會有結果，但會有很多人見證到它的神奇療癒力。

接下來請翻頁……，打開通往神聖森林的大門，進入一個能帶來轉化與改變的境界吧！

贈禮

　　深入探索神聖森林的振動能量吧！丹妮絲・琳恩特別錄製了53段冥想引導，旨在幫助你連結每張牌卡的頻率。

　　欲取得這份贈禮的內容，請掃描以下QR Code至大樹林出版社官網下載。

　　或是造訪www.hayhouse.com/download並輸入以下產品識別碼及下載代碼。

產品識別碼：452

下載代碼：audio

神聖森林之旅

通往一個更高維度的能量入口

在心靈的邊緣，有一處等待著靈魂的神聖荒野。它宛如一座廣袤的森林，充滿無盡神祕與奇蹟，正召喚著你。雖然這個神祕領域存在於更高維度，超越尋常實相，但它仍然是真實的。雖然我們的肉眼無法看見，但在內心深處卻可以感受得到它。想要進入這個神祕領域，只需要擁有一顆開放的心。

當我們用塵世的眼光環顧自然界時，可能只會看到一些平凡甚至不起眼的地方。然而，超越這些表象，存在著一個神奇的領域：一座神祕森林，裡面充滿了飛舞、閃爍的光芒，周圍環繞著巨大山峰和雄偉尖塔。它的能量在陽光下閃爍著彩虹般的色彩。你將在這座神聖森林中遇見土地守護者們，他們負責掌管這些充滿高質量光與頻率的能量場。

在這個療癒且神聖的地方，你心中長期尋覓的答案將會揭曉。古老的智慧浮現，關於你未來的啟示也

隨之揭露，喚醒你內在隱藏的天賦和能力。這是一個奇蹟得以展開、靈性得以飛翔的地方。在這個迷人的神聖森林裡，你會深深地記起自己是誰。

我們與自然界的連結

不論你住在哪裡，市中心也好，最偏遠的鄉村綠洲也罷，你心中都有一個祖靈存在，記憶著你曾是自然界的一部分，記得你與土地精靈的連結。重要的是，要知道精靈並非與自然界分離。他們存在於樹的根與枝、小石頭與大石塊、瀑布與溪流，以及微風中。你內心也保留著被這些大自然力量療癒的部族記憶。

我們的靈魂會回應大自然的療癒力，現代科學也支持這種古老認知。即使只是注視著樹木，經證實都具有療癒作用。醫學研究人員發現，看得到窗外風景的住院病人比看不到風景的病人康復得更快，憂鬱程度也較低。

你的能量與自然界相互連結，而你從這副神諭卡中抽出的每張牌，都會加深你與自然界中神祕且壯麗

之地的連結。

以神諭卡作為能量入口

　　地球上有些地方，不可見領域與可見領域之間的帷幕較薄。這些地方有許多名稱，例如「渦旋」、「神聖空間」、「星門」或「能量入口」。人們在這些地方附近獲得神祕體驗的情況並不罕見，包括非世間生命體來訪、動物現身又消失並帶來訊息、夜間聽到說話聲、或是邂逅天使等等。

　　這副神諭卡可以幫助你進入這個超越肉身感官的領域。這副牌卡中的每張牌都是一把打開自然界不同面向的鑰匙。就像振動音叉一樣，每張牌都會啟動一個頻率，打開一個能量入口，讓你穿過帷幕到達一處神聖的地方——神聖森林。

　　請探索這些牌卡並進入神祕維度，藉此發現你靈魂的真相。這將啟發你對自身本質廣大而優雅的存在有更開闊的覺知。這是一趟療癒和解放的旅程。

　　讓《神聖森林神諭卡》帶你穿過長滿青苔的石門，進入一個迷人的領域，在那裡，久違的答案會浮

現，你內在隱藏的天賦開始顯露，你與「超越自我的強大力量」之間的連結也會更加緊密。

如何使用神聖森林神諭卡

　　這副神諭卡邀請你進入一個神聖領域。每張牌都是一把鑰匙，透過不同的入口，超越有形世界，進入無形的靈性領域。因此，當你第一次拿到這副牌卡時，請花點時間來熟悉這些牌。我建議將每張牌握住一會兒，以便熟悉它的能量，或將牌卡放在床邊，這樣當你睡覺時，你們之間就會有能量連結。

　　這是一趟神聖的旅程。在你開始占卜之前，請花點時間思索一下前方道路的重要性。不論你是為自己還是為他人占卜，你都扮演神祕主義的神聖角色，因此不應該以輕率的方式進行占卜。如果隨意進行，你將不會得到清晰的解答。每次占卜都應該懷著一份喜悅的崇敬、一顆寧靜的心，以及對牌卡深奧性質的理解。以這種方式，每次占卜都將增強你的直覺，並建立一個更清晰的渠道，讓神聖的力量透過你發揮作用。接下來的四道程序很重要，請仔細閱讀每個步驟。

一、牌卡占卜的準備作業

1. 清理空間

空間越清爽，占卜就越清晰，所以指定一個專門區域來進行占卜是很有用的做法。請花點時間徹底打掃這個空間，在開始占卜之前，最好先清除灰塵和雜物。

此外，也可以考慮在每次占卜之前進行空間清理。在原住民傳統中，經常藉由燃燒藥草來清理能量，這個過程稱作「煙燻」。在進行《神聖森林神諭卡》占卜之前，迷迭香是十分適合用來煙燻的藥草，鼠尾草和甜茅草也很適合。亦可使用鈴、鑼、頌缽或編鐘（chime）來清理空間。點燃蠟燭能讓你脫離俗世，進入神祕的境界。也可以考慮加入精油，尤其是與森林有關的精油，例如松樹、杜松、冷杉和野生玫瑰。[1]花點時間為你的占卜空間注入能量，你便創造了一個神聖空間。

---

1 欲知更多相關訊息，請參閱本人所著《空間清理的祕密》（Secrets of Space Clearing，暫譯）一書。

2. 找到自己的中心

　　確保你的脊椎挺直，並採取挺直的坐姿或站姿。放輕鬆，深呼吸幾下。進入你的內在，找到你的神聖中心，那是力量駐留在你體內的地方。你可能會在心臟中央或下腹部找到它；每個人的情況不同。讓自己沉靜下來。想像地球的力量穿越你向上流動，天空的能量穿越你向下流動。你現在正處於天地之間的神聖交叉點。

3. 召喚聖靈

　　深呼吸幾下，召喚造物主或你所相信的任何靈性來源。請求協助和指導。這將提高占卜的清晰度和威力。事先感謝向你湧來的愛與支持。不論你是為自己還是為他人占卜，這都是一個重要步驟。

4. 專注於你的意向

　　弄清楚你想要從占卜中得到的結果。意向所到之處，能量就會流動。如果你渴望一種深深的滿足感，那就專注於此。如果你想要感到堅定、強大和清晰，

那就專注於此。將你的意向清楚地記在心裡。這是基本步驟。

5. 觀想神聖森林

想像你置身於森林裡一片草地的中央。你站在一個巨石圈的中心。觀想森林之靈流進巨石圈，賦予你及即將占卜的空間能量。這樣做會在你的內在和周圍創造出神聖空間，增加清晰度，使占卜更加準確。

6. 清理牌卡

在每次的占卜之間，清理你的牌卡很重要。占卜結束後，請將牌卡放在鼠尾草或雪松煙燻棒的煙霧上方，也可以使用任何類型的天然焚香。你也可以對著牌卡輕輕吹氣或輕叩、輕敲牌卡來重新設定能量。

二、選擇牌卡

1. 為雙手注入能量

當你全神貫注於你的意向時，慢慢摩擦你的雙手，直到感到溫暖且刺麻為止。你正在為雙手注入能量，並為操作牌卡做好準備。

2. 為牌卡灌注愛

雙手拿著這副神諭卡，慢慢將它放在胸口。想像心的金色光芒正在照亮牌卡。對自己說：「願智慧與真相在這次占卜中揭示，並遵循最高的善。」

3. 選擇一種方法

這本小冊子提供了一些關於如何使用這些牌卡的建議；然而，方法並不重要，重要的是一顆開放的心。當你找到自己的中心並且心胸開放時，即使僅僅抽出一張牌，也能滿足你的需要。

4. 問一個問題

專注於你的問題，你可以大聲說出來，也可以默默集中注意力，或是請你代為占卜的對象專注於他們的問題。當你這樣做時，要相信你會在占卜中接收到恰好需要的內容。請記住，要用開放式問句來提問，不要用是或否的問句來提問。像是：「解決這種情況的最佳方法是什麼？」就是一個很好的例子。

5. 洗牌

當你洗牌時，繼續召喚聖靈，同時保持內心平靜穩定，然後將牌卡展開，讓你的雙手懸停在牌卡上方。

6. 挑選牌卡

快速且輕鬆地操作。運用你的直覺；別想太多。當你靠近要翻開的牌卡時，你的手指可能會感到刺痛或發熱。也要留意任何看起來像是自己跳出來的牌。在神諭工作中，不存在著偶然，所以請將那些「跳出來」的牌卡放到一邊，並在你選好你要的牌卡之後再讀取它們。

三、解讀牌卡

1. 將牌翻面

　　注意你最先出現的感覺和情緒。出現的第一個洞見是什麼？相信你的直覺和本能反應。通常最先出現的衝動最準確。

2. 觀察牌卡

　　留意顏色、圖像和文字，一切都在向你傳達訊息，請運用直覺來理解問題背後存在的多層答案。你可以考慮在日誌中寫下你的問題和接收到的答案。日後，當你回顧自己所寫的內容時，可能會開始理解更深層的含義。

3. 發現含義

　　如果你一開始看到牌卡時，沒有立即浮現答案，可以閱讀本書所寫的含義以獲得更多指引。我為你提供的含義只是個起點而已。（如果說明書中的含義與你的第一直覺相左，請以你的最初的直覺為準！）

四、存放牌卡

1. 用布料包裹

　　理想情況下，最好是使用布料來包裹你的牌卡。每種顏色及類型的布料，都帶著不同能量。有些人喜歡用黑色絲綢來擁抱內在的能量，有些人喜歡用白色絲綢來淨化牌卡，也有人選用綠色或藍色羊毛織品來穩定牌卡的能量。請運用直覺來決定何種布料最適合你的牌卡。

2. 用水晶補充能量

　　包裹好牌卡之後，請在上面放置一顆水晶。這有助於在不使用牌卡時對其補充能量。在這種情況下，最好是使用透明水晶。不過，對於靈性占卜而言，紫水晶也是絕佳選擇。

　　每次使用過後，記得清潔水晶。你可以將水晶放在陽光下至少四個小時、以冷水沖洗它或用尤加利精油擦拭。

3. 妥善存放你的牌卡

　　將你的牌卡放置在乾淨整潔的地方，以示尊崇。（換句話說，不要把它們塞進雜物抽屜裡）理想情況下，應該將它們放在家庭祭壇、壁爐架上或任何其他將它們視為神聖工具的地方。

牌卡占卜法

日常靈性洞見

　　這個方法，你只需選擇一張牌作為當天的指引即可，這張牌可以讓你了解當天的能量運作。如果有任何可能出現的挑戰或決定，這張牌也可以幫助你找到應該採取的最佳行動方針。選擇一張每日牌卡，就可以確認在這24小時裡的潛在生命能量。

單張牌占卜法

　　使用《神聖森林神諭卡》其中一個簡單的方法，就是抽一張牌來因應某件掛懷的事情或回答某個特定問題。你可以問自己或你代為占卜的對象以下問題：

- 針對這種情況，我的靈魂建議我採取怎樣的內在或外在行動方針，以便順利解決？
- 為了獲得最佳解決，我需要培養或提升自己的

哪項特質？

- 在解決這個問題上，我最大的助力是什麼？
- 我需要做什麼？
- 我需要療癒什麼？
- 我接收到什麼訊息？為什麼要給我這條訊息？

三張牌占卜法

三張牌占卜法可以帶領你進入問題的核心。如果你的生活中有某個特定需要關注的領域，這個方法可以協助你了解最佳應對方式。請選出三張牌，將它們正面朝下、從左到右放置，然後將它們逐一翻開，以揭示來自聖靈的訊息。

- **牌卡1：阻礙牌**。左邊的牌卡代表你需要解決什麼才能清除挑戰。舉例來說，如果你拿到

「蜜蜂精靈（富足）」牌，這可能表示你生命的豐盛和流動受阻。

- **牌卡2：療癒牌。** 中間的牌卡是幫助解決牌卡1所示障礙的靈性工具。如果「蜜蜂精靈」是你的阻礙牌，而你拿到的療癒牌是「霧氣沼澤（耐心）」，這可能意味著，你需要放鬆並且要有耐心，而不是試圖一次搞定所有問題或獲得療癒。

- **牌卡3：結果牌。** 右邊的牌卡表示，如果你遵循前兩張牌卡給出的建議，情況將如何解決。舉同樣的例子，如果你抽到「古橡樹精靈（力量）」，這可能意味著，只要你有耐心（霧氣沼澤），你將獲得深刻的內在力量和豐盛（蜜蜂精靈）。

三張牌卡占卜法的另一種解讀

- **牌卡1：** 過去（或挑戰的起源）
- **牌卡2：** 現在（或你目前所處位置）
- **牌卡3：** 未來會帶來什麼

五張牌占卜法：來自指導靈的訊息

五張牌占卜法可以讓你的指導靈為你提供靈性建議。占卜過程中，請想像你所有的靈性幫手都聚集在一處，準備對你說話並且指導你，就好像你置身於一個偉大議會的中心，而議會的成員全部愛著你、關心你。

想要啟動這個強大的程序，請專注於你的問題，然後請求所有天界幫手給予祝福和指導。要知道，當你在進行這種占卜時，他們就在現場。

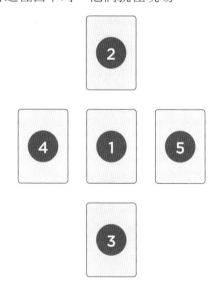

- **牌卡1：來自高我的訊息**。這張牌代表你（或你代為占卜的對象）。
- **牌卡2：來自天使們的訊息**。這張牌代表天使們想讓你知道的事情。
- **牌卡3：來自大地精靈的訊息**。這張牌含有來自神聖大地之母以及所有動植物、樹木、石頭等盟友的訊息。
- **牌卡4：來自祖先的訊息**。這張牌是那些與你有遺傳連結的人所發出的強力信息。這張牌含有你的已故親屬所發出的訊息，他們希望在你的人生旅程中為你提供支持。
- **牌卡5：來自未來自己的訊息**。這張牌含有未來的你所發出的訊息。有時候我們會想，要是能回到年輕時，並依據目前所學來給予當時的自己建議和指導就好了。這就是那個機會。

在你為這些靈性幫手各抽出一張牌之後，檢視一下跳進你腦海中的想法。請留意這些訊息是否有整體的主題。這是真正了解聖靈訊息的關鍵。

生命之樹占卜法

生命之樹占卜法十分適合用來了解此時此刻正在上演的更深層議題，以及最終結果會是什麼。

- **牌卡1～4，樹根牌**：將四張牌從左到右排成一列。這四張樹根牌代表目前在你的心智體（mental body）、肉體（physical body）、情緒體（emotional body）和精神體（spiritual body）層面發生的潛在能量。
- **牌卡5，基本牌**：將一張牌放在樹根牌的上方中央。樹的基本牌就是你人生目前所處的位置。
- **牌卡6～9，樹枝牌**：將四張牌從左到右排成一列，放在基本牌上方。這四張樹枝牌代表你的心智體、肉體、情緒體和精神體未來的發展方向。

生命之樹占卜法的另一種解讀：樹根也可以代表過去，樹幹可以象徵現在，樹枝則可以代表未來的可能性。

四方位占卜法

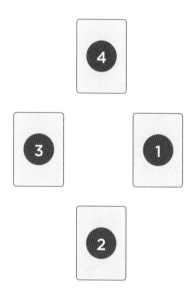

　　在這種占卜中，根據四個方位的能量，每個方位各為你提供生活中不同面向的相關訊息。（如果你住在南半球，則北方牌和南方牌的定義相反）

- **牌卡1，東方牌：**東方是太陽升起的地方，代表春天。這張牌揭示了你的人生正在展開什麼、需要展開什麼，或者需要尋找或探索什麼。
- **牌卡2，南方牌：**南方代表太陽和夏天。這張牌揭示了你的人生正在擴展的事物，這就是你應該成長和努力的目標。
- **牌卡3，西方牌：**西方代表夕陽，也代表秋天。這張牌揭示了你正在收穫或收集的東西，它也可以代表你在生活中需要放掉或清理的東西。
- **牌卡4，北方牌：**北方代表黑夜和冬天。這張牌揭示了你需要鞏固或培養的事物，它也是你需要修復或療癒的事物。

一整年占卜法

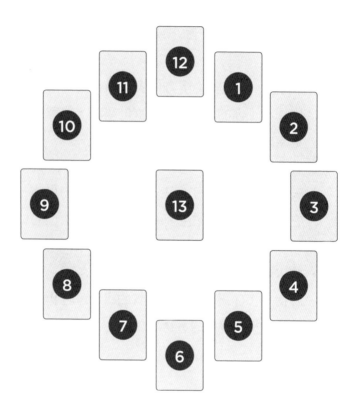

　　這個占卜法適合在一年中的任何時候進行,不過,在元旦、冬至與夏至、春分與秋分時進行會特別有幫助。

將牌卡排成一個大圓圈；想像你的占卜桌上有一個大鐘，12個數字分別代表12個月分。想要預測未來12個月的情況，請先為你目前所處月分選擇一張牌，然後將後續的每張牌放在圓圈上的對應位置。舉例來說，如果你在新的一年開始時進行此占卜，那麼先將一月牌放在圓圈的一點鐘（1：00）位置。如果你在三月占卜，就以三點鐘（3：00）作為起點。

　　12張牌全部抽完之後，最後在中央放上一張牌，它代表全年的整體能量。當你觀看預測時，你將獲得未來幾個月流向之洞見。你可以考慮製作一份日誌，裡面設有全年各月分的欄位。你可以影印選出的牌卡並將它們放入日誌中，或者簡單寫下牌卡名稱就好，然後在每一頁記下該月分發生的事情。這些日誌也是送給某人生日禮物的絕佳選擇。

進入夢中的神聖森林

聖靈透過我們的夢境與我們對話。夢能帶來未來的願景、當下的啟發，以及對過去的回眸一瞥，即使是遙遠的過去也是一樣。它們可以成為塵世與天界之間的交會點，也可以啟動巨大的創造力和靈感。然而，即使我們能記起自己的夢，也常常對那些光怪陸離且栩栩如生的圖像有何含義感到困惑。《神聖森林神諭卡》能幫助你解開夢境的深層意義。以下是執行此操作的一些步驟：

寫下你的夢：

1. 在夢境日記裡，完整寫下你的夢，包括你能記起的每個細節。與其直接跳入夢的解析，不如花點時間回味你的夢，並讓情緒的細膩變化滲透到你的覺知中。

2. 掃描你的夢，找出最突出的圖像、感覺和情緒，將它們寫進你的日記裡。

選擇一張牌：

1. 將你的意向集中在了解你的夢境上。當你把注意力放在夢境的整體感覺上時，把這個感覺牢牢記在心裡。
2. 使用先前提到的方法，抽一張牌。要知道，你的潛意識會選擇最符合你夢中深層能量振動的牌卡。抽出的牌將幫助你了解，你的夢正在向你傳達的祕密訊息。

辨別訊息：

1. 要相信，最先進入你腦海的訊息通常最準確。請將牌卡視作啟發洞見的因素。有時候，翻開牌卡那一瞬間所想到的可能看似與牌卡無關，但請相信這個過程會讓你對自己的夢有更深入的了解。
2. 思考牌面上的圖像，留意是否有任何自發性的見解出現。有時候，圖像（比文字更常見）將成為了解夢境訊息的催化劑。查看牌卡上的顏

色、形狀和物體。圖像的哪些面向似乎與你的夢境最相關？請記住，在解夢時，牌卡不會給你一個明確的答案，但它會拓寬你觸及內在智慧的能力。

3. 即使你不記得自己做了什麼夢，你也可以在早上醒來時，第一件事就是抽一張牌。這樣宇宙就可以傳達給你前一夜夢境的訊息。

利用牌卡來解讀
生活中的徵兆

如果你回溯久遠之前的祖先，你會發現他們是依靠徵兆和符號過生活的。對生命來說，徵兆和符號就像呼吸一樣基本。訊息、徵兆、巧合和共時性不斷圍繞著我們，它們都在推動我們朝著命運的方向前進，但我們經常沒有覺察到它們。

宇宙無時無刻都在對你低語，但有時候很難了解更深層的含義。不過，你可以使用這副神諭卡來理解這些訊息。為此，你只需專注於你接收到的符號，然後抽一張牌即可。

以下是這個運作方式的例子之一：你在戶外行走，一隻冠藍鴉飛得非常靠近你的頭，當牠高飛衝向天空時，你可以感覺到牠扇動翅膀所產生的風。你相信這是某種徵兆，於是你從這副牌卡中抽出一張牌來了解其含義。你抽出的牌是「樹林男巫（專注）」。這可能意味著，無論你在生活中遇到什麼狀況，你都

需要穿透表面，更深入地看待事情，並從更高的視角看世界。如果你拿到「蜿蜒路徑（流動）」牌，意味著冠藍鴉可能在告訴你要順其自然，而不是試圖控制每個細節。[2]

---

2 欲知更多有關微兆的訊息，請參閱本人著作《微兆的祕密語言》（The Secret Language of Signs，暫譯）。

牌卡訊息

　　各位靈魂旅伴，我希望你能享受這趟旅程。願你內在的神諭甦醒，願聖林智慧在你的生命中展現。

　　請造訪www.deniselinn.com，在那裡你可以找到更多關於我線上神諭卡認證課程的資訊，還有別忘了下載53段免費冥想引導喔！（請參閱第4頁下載說明。）

Air Spirit

風精靈

知識

你置身於森林中央，微風輕拂你的臉龐。當風精靈乘著她的光與風之船蒞臨時，陣陣徐風吹得你頭頂上的樹葉沙沙作響。在這片寧靜中，你感覺到風在向你低語著來自聖靈的訊息。

　　當你需要好好把事情想清楚時，就會拿到這張牌。眼下不是衝動的時候，不要對情況和人物做出本能反應。請考慮到所有觀點，去探究一下、聽聽別人的意見；同時忠於自己，表達出真實心聲。也要花點時間權衡情況的利與弊。

　　這是展開新事業或計畫的絕佳時機。只要你深思

熟慮、按部就班且專注，事情就會成功。你的內在蘊藏著非凡的智慧泉源。請緩慢深呼吸，然後深入探究那份內在知識。它將引導你走向正確的方向。

「風」代表智慧、心智活動和推理能力。它也與思想、智力、溝通和理解有關。透過呼吸吐納，我們可以發聲並表達自己。

我們的生命始於第一口呼吸，所以空氣與新的開始息息相關。「風精靈」掌管著友誼、清晰以及生命中的正面焦點。

這張「風精靈」牌告訴你：吸氣。花點時間把事情徹底想清楚。不僅要「思考」正確的方向，並且要去「感受」它。在往前邁進之前，先弄清楚狀況並且集中注意力。務必與他人進行深思熟慮的溝通。

Ancient Oak Spirit

古橡樹精靈

力量

輕輕走進森林，你聽到橡樹低沉洪亮的聲音。當偉大的橡樹精靈發聲時，整座森林都靜止下來傾聽。儘管你可能沒有覺察到，但這些強而有力且深刻的訊息已滲入你的靈魂裡，你的內心深處將感受得到。

這張牌代表「堅守你的真實心聲」。它是一個徵兆，意味著你需要發揮自己的力量；或者相反，它顯示你耗費了「太多」力氣去應對情況。回想一下，強風如何讓柔韌的柳樹彎曲，卻讓堅硬的橡樹枝折斷。

古橡樹精靈的出現也可能預示著，前方將有神祕經歷等著你。

橡樹精靈是在提醒你，你的內在蘊藏著力量泉源。傳統上，這種樹木象徵著耐力、力量、神祕智慧、勇氣和高貴。請記住，內在力量意味著如實表達，而不是言不由衷或過度為自己辯解。這意味著即使每個人似乎都在反對你，你也要活出全然真實的人生。橡樹不需要公開宣告它的力量；它就是「力量」。

你的生活可能遇到阻礙，或者即將有阻礙到來。眼下是積聚內在力量的好時機，以便一舉超越阻礙。

這是一張幸運牌。如果你的夢想離你而去，要知道，其實你具備實現目標的毅力。來自神祕領域的幫助近在眼前。請相信自己的內在力量。今日的挑戰將成為明天成功的墊腳石。

這張「古橡樹精靈」牌告訴你：你的智慧和力量不可限量。請站穩腳步並且扎根於你所在的地方。如實表達、言必由衷。直覺會引導你前往正確的方向。

3

Aspen Spirit
白楊精靈

勇氣

在森林裡，你可以聽到白楊樹叢的低語。你的覺知沉入表面之下；你感覺到白楊的根系網絡，它讓每棵樹都能與樹叢的其他部分相連。這種連結也使得它們成為統一的有機體，在靈魂層面上合而為一，可以生存數千年。

如果今天「白楊精靈」牌出現在你的生活中，它帶來的訊息關鍵字是勇氣、保護、社群，以及面對和克服人生障礙的能力。要知道，你是受到保護的、你是安全的。不論有什麼阻礙了你前進，你都準備好帶著勇氣和恩典向前邁進。

白楊樹的根系網絡顯示，你應該樂於接受他人的

支援，與志同道合的人一起努力，不必孤軍奮鬥。此刻可能是透過創意專案或社群協力來與人建立聯繫的好時機。

在凱爾特傳統中，白楊與社群、堅韌和保護息息相關。凱爾特人選擇白楊樹的木材來製作他們的戰鬥盾牌，以保護他們免受精神和身體上的傷害。它可以保護靈魂免受最深的恐懼。白楊被視作「無所畏懼的老師」，並且傳達出「有力量去面對未知」的訊息。

這張「白楊精靈」牌告訴你：你內在靈性戰士的能量已準備好挺身而出，面對生活中的任何挑戰或障礙。請樂於接受協助、無所畏懼。

Bear Spirit

熊精靈

療癒

即使還沒看到熊的身影，你都可以感覺到牠的存在。你慢慢轉過身來，看進牠的眼睛深處，此時有長長一列看不見卻真實存在的療癒者從樹林中走出，包圍著你們倆。當你伸出手去觸摸牠厚厚的皮毛時，你感覺到療癒的能量瞬間湧進你的全身。

出現這張牌是要讓你知道，各個層面的療癒正在發生，而且療癒可以有很多種形式。請準備好接受它。要知道，對別人來說，你也是他們的療癒力量。你甚至可能沒有覺察到，你是療癒能量的管道，當別人感謝你時，只需簡單說一句「不客氣」就好，即使

你不知道怎麼回事也是一樣。

在許多原住民傳統中，熊精靈都被視為可與人類相比擬，因為牠能夠像人類一樣直立行走。牠代表著療癒者和「良藥」。牠也賦予那些值得的人療癒的力量，而你誠然是一個值得的人。

熊精靈能量也可以代表扎根、力量和信心。它啟動了一個穩定的基礎，讓你得以面對生活中出現的任何挑戰。

這張「熊精靈」牌告訴你：你是療癒者，也是宇宙生命力的管道。你既堅強又踏實。療癒正在展開，或者情況正在解決。請相信一切安好。

Bee Spirit

蜜蜂精靈

富足

草地上，花朵盛開，芬芳撲鼻。蜜蜂們從一朵花飛到另一朵花，牠們的嗡嗡聲聽起來就像上千名僧侶同時在誦經。當你觀察牠們時，你可以感覺到牠們專注於生產力和群體工作。那些如琥珀般金黃色的蜂蜜，正是牠們勤勞的成果。

這張牌可能是一個美好的徵兆，它顯示豐盛和甜蜜能量正朝你而來。這張牌也可能代表生產力和組織性，所以如果你平時優柔寡斷、雜亂無章、注意力不集中，抽到這張牌可能意味著是時候該集中注意力了。請重新安排生活中的優先順序。你是否忙得不可

開交卻一事無成呢？請確認什麼事是最重要的，並且朝這些方向採取步驟。

　　為了啟動你所渴望的富足，這張牌也可能意味著是時候努力工作了。當你願意投入時間和能量，你的目標就會實現。你的努力將會得到回報。蜜蜂總是團隊合作，所以也要考慮誰的能量與你的能量一致，以及你們要如何合作，以便實現你的願望。這樣做的話，好運就會隨之而來。

　　縱觀歷史，蜜蜂及其生產力備受讚賞，因為牠們為我們帶來蜂蜜，而蜂蜜與生命的甜美、營養和財富息息相關。在許多傳說中，蜂蜜也與黃金有關。蜜蜂精靈傳達的訊息是：只要勤奮工作，就會獲得如黃金般的獎賞。

　　這張「蜜蜂精靈」牌告訴你：宇宙的甜美豐盛正在流入你的生活。然而，你需要採取行動，也許還需要加入其他人，你們一起合作，以實現你的夢想。請相信你值得，而且你的目標會實現。

Bluebell Fairy

藍鈴花仙子

感 恩

清晨的森林籠罩在沉降的薄霧中。你踏進草地，瞥見天藍色的花朵似乎漂浮在薄霧之上。它們濃烈的顏色吸引你靠近。每朵鐘形花都低垂在莖上，彷彿處於祈禱、謙卑或感恩之中。

「感恩」是享有喜悅生活的祕訣。懷著真心誠意的感謝之情，猶如現代煉金術般，能帶來超乎想像的幸福與平靜。其實非常簡單：在每時每刻尋找美好的事物。不論你周圍發生什麼，總有一些值得感激的事情。生活中你所感謝的一切都會增長，所以請找出值得你感謝的事物（甚至是那些你認為棘手的人事物）

並見證奇蹟的發生。宇宙感謝你！

讓這股對一切事物的感激之情，充沛地流淌在你的心裡。珍惜寶貴的生命以及身邊的每一個人、每一件事，奇蹟就會大量湧現。除了感恩之外，藍鈴花也被視作謙卑的象徵。當你走進那股柔軟、溫和的謙卑能量裡時，你會發現，即使對於生活中最微不足道的事，你的感激之情也在擴展。

藍鈴花能打開魔法之門。傳說是這樣描述的：像搖鈴鐺那樣「搖動」藍鈴花，就可以把仙子帶到你身邊。春天時，藍鈴花在林地到處生長，形成一片茂密的花毯，只要靠近，你就能感受到它們的魔力。

這張「藍鈴花仙子」牌告訴你：感恩越多，生活就會越豐盛。珍惜一切事物，喜悅就會充滿你的生活。宇宙感謝著你。

Bluebird Spirit
青鳥精靈

快樂

你跟隨鳥兒甜美的歌聲走進森林。當你找到聲音的來源時，你看到頭頂的樹上有一群青鳥。牠們的翅膀顏色鮮豔，在陽光下閃閃發光。牠們的歌聲將你包裹在幸福的溫柔懷抱中。

這張牌是歡樂的預兆。慶祝吧！要玩得開心！擁抱生活、擁抱自己、擁抱他人。今天要說「好」！放飛自我、翱翔雲端，讓所有疑慮消散。一切都很好。事情很簡單：人生的目的就是要體驗快樂！這正是你的靈魂所需。不必為了討好別人而委屈自己。

無論你的處境如何，總有一些事情可以帶給你喜

悅，而你關注的事物將會增長。當你專注於生活中能帶給你快樂的領域時，這些領域就會更加繁榮豐盛。

通往真正愉悅最快速的途徑之一，就是透過分享與給予，所以請付出你的心並分享你的愛。快樂像野火一樣會蔓延給別人，並且有助於療癒世界。盡情跳舞唱歌吧！喜悅是你靈性上與生俱來的權利。請胸有成竹地說：「快樂和狂喜在我身上恣意流淌。」

這張「青鳥精靈」牌告訴你：一切都很好。對生命說「好」，讓你的疑慮消散。不要等到未來，現在就要淋漓盡致過生活。你不需要掙扎或受苦才能經歷成長，你可以在喜悅中突飛猛進！

Butterfly Spirit
蝴蝶精靈

蛻變

在神聖森林裡，你可以在牠們抵達之前就聽到牠們逐漸靠近。聽，這是蝴蝶的歌聲。牠們的旋律如同一條條閃爍的絲帶縈繞在身後，纖細的薄紗翅膀在彷彿萬花筒般的光影和聲音中，翩翩起舞，充滿愉悅的氣氛。魔法正在發生。

你之所以拿到這張牌，是因為你正處於改變的過程中。老舊的框架、信念和想法正在消退，取而代之的是生命活力和新路徑。很快你就會以一種嶄新的方式看待這個世界。你正處於人生巨大轉變的起點、中間或完成階段。不要固守老舊框架，也不要讓你的思

考方式受到侷限。

　　即使你看似身陷泥濘、對事情感到一頭霧水，周圍的一切彷彿正在瓦解，都只是重生之前的清理罷了。一切都是為了你的最高利益在發生。請記住，當你周圍發生這些變化時，你是安全的。

　　蝴蝶是蛻變的強力象徵。為了得到翅膀，毛毛蟲必須先織出蛹，然後完全溶解成某種液態，再重塑成蝴蝶的形狀。在它完全變態成全然不同的東西之前，酵素會溶解它的所有組織。所以放輕鬆，接受這些變化。你正在為世界帶來朝氣蓬勃的能量。

　　這張「**蝴蝶精靈**」牌告訴你：過去已經在你身後。一切都在改變。是時候啟動一個新週期、一項新計畫了。只要用心，奇蹟就會發生。

Crystal Cave
水晶洞

信任

你站在洞穴前，卻看不到裡面。雖然不知道前方有什麼，但你內心湧現出一份篤定。你知道你注定要往前進，也知道你很安全。你深吸一口氣，然後踏出你的第一步。

長久以來，洞穴一直被視作通往神聖力量的祕密通道。某些薩滿的入會儀式是在洞穴裡舉行，因為他們認為洞穴能啟動直覺。這張牌的出現傳達了一個訊息，那就是要相信你的直覺，不論它要帶你去哪裡。請對自己有信心，並且要知道，你受到神性所指引，即使你心生疑慮亦然。請相信你對他人和情況的感

受。你恰好置身於你需要去的地方。

　　「信任」是顯化能力的基礎。萬事萬物之所以被創造出來，都是因為有人相信這是可能的，而「耐心」在這項原則的應用中絕對至關重要。改變可能在一瞬間發生，但有些事情需要時間。請耐心等待，並且要認知到，事情「終究」會發生（任何得到你關注的事物都會蓬勃發展）。相信就是了！你已經播下種子，現在給它們時間成長。

　　在世界各地的文化中，洞穴代表子宮，即生命之源。洞穴是早期人類尋求遮蔽和保護的地方。身處洞穴深處，要知道你是安全並受到保護的。

　　這張「水晶洞」牌告訴你：你可以放手，並允許你清明、專注的直覺自由流動。請跟著你靈魂的推動力走。要傾聽別人的意見，也要相信自己的本能。

Daffodil Fairy
水仙花仙子

新的開始

你感覺到有人輕拍你的肩膀，在一道黃色閃光中，你看到水仙花仙子從你身邊飛過。她用高亢、甜美的聲音說：「最好的還在後面！是時候重新開始了！」你高興地追著她跑進了森林。

生命循環往復。就像冬天過後就是春天一樣，你的生活正在展開一個新的週期。依循大地的週期，植物在秋天凋亡，以便在來春新生，這是宇宙的死亡與重生之舞。總有結束和開始的時候，而此刻正逢一個週期結束、另一個週期開始之際。

我們將水仙花與春天聯繫在一起，因為它是雪季

過後最早綻放的花卉之一。它的造型呼應了新一季吹響小號的感覺；它的顏色使人聯想到活力、光彩和陽光。這張牌的出現帶來一個訊息：「把黑板擦乾淨」，是時候放掉舊事物並重新開始了。

當熟悉的例行事項、情況或關係不再賦予你力量時，你可能很難放掉它們；然而，你的高我鼓勵你不要固守陳規，要揚帆航向新的水域。如果你發現自己害怕放手，水仙花仙子鼓勵你面對恐懼，並允許自己朝著新的方向伸展。造物主就在你身邊，美好的機會將會誕生在你的生命中。當你能夠對結束和開始都說「好」的時候，圓滿就會發生。

這張「水仙花仙子」牌告訴你：是時候展開新計畫或新週期了。生命力和活力正在湧現。放掉那些不再服務你、不再支持你的東西。讓路給新的開始吧！成功近在眼前。

Dragon

龍

權力

你在森林的地面上睡著了。夜晚寒冷，你依偎在樹葉裡，但入睡後卻感覺溫暖舒適。清晨，你伸了個懶腰，睜開眼睛，察覺到有一條龍在夜裡慈愛地圍繞著你。牠睜開牠的大眼睛，帶著善意關懷的目光看著你，而你知道一切都很好。

這張牌顯示，是時候運用你的權力並掌控你的生活了。看看你的生活中是否有人試圖介入主導。說出你的真實心聲，拿回自己人生的主導權。你已經準備好要發揮自己的力量了。如果你失去自己的權力，或是把它交給別人，現在應該收回了。如果你執著於限

制性信念，或是害怕遭到冷落、評判或排斥，現在應該放下這些限制了。

請放掉對於「誤用天賦」的恐懼。真正的力量，不是支配或操縱；它是來自造物主的禮物，它常駐你內在。你擁有靈性力量，它源自神聖的愛、智慧和恩典。這種能力可以療癒他人，並為黑暗帶來光明。你是一個光芒四射、光輝耀眼的存在！

在你身邊的龍精靈是個強大的盟友，牠賦予你療癒力和復原力，牠幫助你克服任何障礙，並在你人生的各個領域保護你。

這張「龍精靈」牌告訴你：你內在蘊藏著非凡的力量，足以顯化你的夢想、獲得巨大財富，以及啟動古老的智慧。請拿回你的權力，並以優雅的方式展現你的力量。

Dragonfly Spirit
蜻蜓精靈

改變

你看著蜻蜓優雅地掠過森林池塘的水面。牠閃耀的翅膀和身體如萬花筒般,隨著光線折射呈現不同的色彩。牠盤旋、向後飛行,甚至俯衝,看起來興高采烈。

　　這張牌要讓你知道,改變方向是可行的。改變心意沒關係,你不需要每次都保持前後一致。現在是把常規慣例和別人的期望放在一邊的時候了。你應該創造自己的常規慣例!你大可自由地表達自己,讓你的靈性飛翔。

　　蜻蜓是空中的特技演員,不僅可以向後飛,還可以俯衝、360度旋轉,而且看起來很優雅。蜻蜓精靈

鼓勵你，展現出跟牠一樣的無所畏懼。請超越一成不變的行為模式。即使某件事一直以某種方式完成，也不意味著它需要繼續以這種方式進行。雖然你無法控制生活的確切情況，但你可以控制你要賦予它們怎樣的意義。請選擇能賦予你力量的意義，因為現在是無憂無慮、狂放且不可預測的時刻。

蜻蜓是古老的物種，大約3億至3.5億年前就已經飛上天空，經過無數世紀的調適，得以在許多生物已滅絕的情況下生存下來。這些變化大師提醒我們，改變將帶來療癒。

這張「蜻蜓精靈」牌告訴你：願意改變你的觀點，好運就會隨之而來。有時候，你需要以退為進。人越老越難改變，所以想要啟動青春，就要毫不猶豫地做出改變。

Eagle Spirit
老鷹精靈

自由

老鷹精靈邀請你爬到牠的背上，你把身體縮小，這樣就可以爬上去了。你抓著牠羽毛下的絨毛，隨著牠越飛越高，森林看起來越來越小，然而當你登上雲端時卻看得分外清楚。你從未感到如此自由！

這張牌顯示，是時候掙脫束縛並讓你的靈性飛翔了！當你超越一成不變的行為模式時，要大膽一點。請滿懷喜悅地張開雙臂、迎向天際。這張牌也會出現在你讓生活或他人限制你自由的時候。認知到這一點，就已經是拿回力量的第一步了。不要讓自己受困於世俗標準或別人的期望。真相是：你來到這個地球

上並不是要做個平庸的人，而是為了要超越各種限制和自我設限。

你有能力按照自己訂定的條件來選擇自己的人生。或許你不一定能自由創造出完全符合你期望的生活環境，但你能決定要賦予這些情況什麼意義。請選擇能賦予你力量的意義，因為現在是掙脫束縛的時候了。抱持著「無限自由在你全身湧動」的意向，它就會實現。

老鷹翱翔的高度可以達到10,000英尺（3,048公尺），而且視力極佳，能夠看到很遠的距離。牠象徵著需要對人生有更廣闊的視野。

這張「老鷹精靈」牌告訴你：現在是表達自己的時候了。不要退縮。按照你訂定的條件來選擇生活。不要被別人的期望束縛住。

Earth Spirit
大地精靈

穩定

暖夏午後的慵懶寧靜中，你斜倚在森林地面柔軟的苔蘚上，聆聽大地的心跳。她富有節奏的心跳聲從你腳下的地面湧起。隨著每一次節拍，你記起自己是誰以及人生真正重要的事。大地的強化、扎根能量正在充盈你的每一個部分。

是時候衡量你的生活並往下扎根了。請評估你是誰、你在哪裡。為未來制定計畫，但在你確信可以向前邁進之前，先不要按照計畫採取行動。現在是籌備和深耕的時候。

這張牌也可能顯示你目前並沒有腳踏實地，你需

要為自己的生活創造更多的穩定性。在採取行動之前，先把事情徹底想清楚。花點時間仔細規劃你的未來，不要急於做任何事。你內在的力量正在增長。你會受到保護並被安全感包圍。你很安全。如果你是在考慮進行穩當的財務投資時拿到這張牌，那麼它是在告訴你，現在是穩紮穩打的好時機，不是冒險的時候。

大地精靈為人類提供了樹木、植物、花朵、河川、溪流、海洋、山脈和山谷，她慷慨撫養我們所有人。她對我們的奉獻既穩定又強大。你始終受到支持和愛護，即使你未必確信這一點。現在播下的種子將會帶來豐盛，但前提是你得花時間培育那些新芽。

這張「大地精靈」牌告訴你：活在當下。放慢腳步，拋開忙碌狂亂的生活步調。探索你的根源。榮耀你的過去。深耕。思考一下你的人生。

Elves

小淘氣精靈

玩樂

小淘氣們邀請你在繁星和月光下與他們一起跳舞。音樂響起，你高興地旋轉、跳躍。小淘氣和仙子們在你周圍翩翩起舞，夜晚的狂野氣息充滿你。所有的壓抑都消失了，當玩樂精靈擁抱你時，你歡欣傻笑，充滿了喜悅。

　　請允許你的內在小孩玩耍；請擁抱你的天真無邪。如果你一直把生活看得太嚴肅，這張牌提醒你記得放輕鬆。你需要做的就是讓自己開心。如果責任與辛勤工作堵塞了你的生命能量，現在該讓自己休息、玩樂一下了。藉由做一些意想不到的、瘋狂的、甚至傻氣、愚蠢的事來滋養你的靈性。你能給予世界最棒

的禮物就是你的喜悅，所以請將玩樂放在優先位置。

　　跟仙子一樣，小淘氣是生活在森林、草地及空心樹幹裡的小型生物。綜觀歷史，世界各國都有關於小淘氣的記載。許多人都證實曾看過他們在樹林裡玩耍。在某些傳統中，他們被視作快樂的小搗蛋，以胡鬧和惡作劇聞名。現在就讓這種歡樂能量進入你的日子裡吧！

　　這張「小淘氣精靈」牌告訴你：擁抱你的純真。放下沉重的責任。讓自己休息一下。做一些有趣的事來滋養你的靈性！喜悅就跟食物一樣，是維持生命的重要元素。

Enchanted Fern Grotto

魅力蕨洞

避難所

在這個神祕的洞穴裡，魔法正在發生。長長的光線穿過上方的森林樹冠，大量蕨類植物為洞穴填滿生機蓬勃的翠綠色彩，還有一條小瀑布發出如水晶鐘般的叮咚聲。

你知道你在這裡很安全。

這是進入內在的時刻。去尋找及發掘你內在的避難所。花點時間深思熟慮。靜修時，你才能真正聽到靈魂的聲音。如果你一直在努力或掙扎著往前進，那麼現在該靜止下來並滋養你的內在世界了。請從你內

在的泉源汲取養分。

　　仔細思考你此時所做的決定；如果情況允許，延後做這些決定。現在不是做出「改變人生抉擇」的好時機，反而應該花點時間為未來打好基礎。退後一步，省思你內心真正的渴望。制定計畫時要小心謹慎地進行。傾聽你內在的指引。

　　進入蕨洞時會讓人萌生一股平和之感。很多蕨洞都是魔法所在之處，也許是仙子和小淘氣的家。請讓這個神聖空間的能量充滿你。要知道，你可以做自己並且真正放鬆。

　　這張「魅力蕨洞」牌告訴你：退避一下並補充你的內在資源。現在不是採取行動的時候，而是應該為未來醞釀想法。靜止下來。答案就在你內心。魔法就在你身邊。

Fire Spirit
火精靈

能量

一道又一道鋸齒狀的閃電擊中大地，震耳欲聾的雷聲在整座森林裡迴盪。當火精靈啟動存在的核心時，樹群似乎成為一個整體，一起振動，對閃電做出回應。非凡的生命能量湧出，流經你的身體，也流經大地。你可以感覺到，森林的活力雄偉地擴張。

採取行動吧！現在不是退縮的時候。不要壓抑自己的感受，也不要容許別人榨乾自己。如果你總是竭力符合每個人的期望並滿足別人的需求，卻忘記滿足自己的需求，那麼你的能量場就會枯竭又晦暗。擺脫你的束縛，不論是你自己造成的還是別人強加在你身

上的。

　　點燃你的活力和熱情，讓你的情緒自由流動。當你自由地表達自己時，能量波會在你全身湧動。然而，單憑自身的資源去運作可能會耗盡。請讓造物主的力量流經你，要敞開心扉接受，也要知道你不必孤軍奮鬥。這樣可以為你的靈魂補充能量，也可以讓你獲得大量能量的支持。

　　火精靈的威力眾所周知。作為四大基本元素之一，火在傳統上代表轉變、熱情、熱忱、熱心、創造力以及啟動。在許多傳統中，火是「創造」的同義詞。現在就讓火的能量激發你行動吧！

　　這張「**火精靈**」牌告訴你：不可思議的活力、生命能量和熱情，正在你的生活中擴展。如果他人的期望開始令你感到疲憊不堪，不要退縮；點燃你的內在之火。忠於自己，表達出真實心聲。讓造物主的光湧進你全身。

Foggy Bog
霧氣沼澤

耐心

森林裡霧氣濃重，伸手不見五指。你向前踏出一步；土壤鬆軟。你察覺自己正站在沼澤中，往前走會有陷入更深泥淖之虞。最佳策略是保持靜止，等待霧氣散去。

　　這張牌的訊息是保持安定與靜止。現在不是往前進的時候。很難看見前方有什麼，事情的真相可能不像最初看起來那樣。表面看似一個樣子，實際上可能完全是另一個樣子。

　　就像白鷺在等待魚兒出現前會表現出極大耐心，你也必須稍安勿躁，靜待真相浮出水面。在這種能見度模糊的狀態下，你的想像力反而可以自然湧出並激

發你的直覺。如果你等待足夠長的時間，你的第六感就會被點燃。傾聽你內在的渴望，留意那些看似隨機出現的想法。

水代表情緒、感覺和潛意識。當水凝結為霧時，會遮掩住事物的真實形狀，我們就無法像在光亮中那樣看得清楚。如果我們往前移動，就有可能陷入酸性、水分過多的土壤中，被腐爛的植物纏住。請留意這張牌帶來的警訊，不要讓未經檢視的情緒壓倒你的成長。

這張「霧氣沼澤」牌告訴你：要有耐心。等到霧氣散去後再採取行動。真相終將水落石出；你只需要更加深入。跟隨你的直覺走。

Forest Temple
森林神殿

開悟

森林裡洋溢著儒雅的吟誦聲。你循著聲音,沿著一條蜿蜒小路走進一片小空地。在你面前,一座森林神殿清晰可見。當你走近時,你感覺到吟誦聲滲透你的靈魂深處。你的內在似乎有什麼正在轉變。一切如常,卻又有些不同。

冥想你內在及周圍的光,連結永恆存在的神性能量。現在你的覺知正在增強,你理解世界的能力正在轉變。你越來越能從各種角度去看待情況,這會讓你生命的各個面向得到擴展。

這張牌也可能反映出,有時候你只從個人意識角

度去看世界，這樣會大幅限制你的可能性。片面、固執的人生觀不僅會阻礙無限的光和喜悅流進你的生命，也會阻礙你與造物主的連結；過於嚴守信念則會阻礙美好的機會湧入你的生活。願意跳脫出自己有限的觀點，從其他人的角度去看世界，你的生命就會變得更開闊。

在世界各地的神殿中，修行者為了擴大對生命內在實相的感知，會從他們所處的生活環境抽身，直覺和療癒能力會在這些時刻出現。現在光明正在湧進你的生命中。透過開悟，你將感受到從「有限的自我意識」擴展到「對周圍宇宙的覺知」。

這張「森林神殿」牌告訴你：正向改變即將到來。你將變得神采飛揚，感覺輕盈自在。你與聖靈的連結正在加深。關於「你是誰」以及「你在生活中應該得到什麼」等舊信念正在消退，取而代之的是不可思議的新道路。

Frog Spirit
青蛙精靈

更 新

一隻金棕色大青蛙沉重地坐在睡蓮葉上，漂浮在平靜的
池塘表面，溫暖而慵懶的黃昏逐漸消逝，融入夜色裡。
大青蛙低沉洪亮的歌聲與蟋蟀漸高的鳴叫聲交織。青蛙
的合唱喧鬧又歡樂，彷彿在你的靈魂中迴盪。一群蝌蚪
潛伏在池塘邊，隱匿且安全，耐心等待蛻變發生。

　　青蛙的三個發育階段（卵、蝌蚪、完全成形的兩
棲類）象徵著更新、復活和蛻變。這張牌表示你的生
活正在發生深刻的重建。重新開始永遠不嫌晚。如果
你的過去不太成功，請記住這一點：已經發生的事情
未必會影響到即將發生的事情。你可以重新開始，展

開全新的一頁。然而，如果你總是做你一直在做的事情，你就會一直得到相同的結果。為了重新啟動你的生活，你需要以不同的方式去做事情。此刻，大量好運已經啟動，正在等著你！

思考一下青蛙在不同文化中的象徵意義，看看此刻是否有任何意義能引起你的共鳴：在古埃及，青蛙象徵著出生和重生。在某些美洲原住民傳統中，青蛙因其生命變化形態而成為具療效的藥。古凱爾特人相信青蛙代表療癒，因為它與水的連結，以及從蝌蚪到成蛙的轉變方式。在中國，青蛙是富足、健康分娩和好運的有力象徵。

這張「青蛙精靈」牌告訴你：請放下任何關於生活應該如何展開的成見。現在是順應環境的時候。願意改變，豐盛及好運將隨之而來。

Guardians of the Land

土地守護者

保護

「你很安全。」這句話彷彿從大地冒出、從樹林發出，
並在你的靈魂中迴響。你聽到這句話，一遍又一遍。這
片土地的神聖守護者正在對你低語：「你很安全。」你
知道你受到保護和照顧。你可以感覺到，他們的慈愛能
量像藤蔓般圍繞著你、擁抱著你。他們釋放出來的力量
將你安全地包裹起來。

你本自具足，如你所是。不論過去發生了什麼，
真相是，你絕對是無條件地足夠了。你被愛著，你被

珍惜著。

不要擔心外在勢力和他人的評判與期望，你在自己的能量場中受到保護。

當你需要採取措施來保護你的能量時，就可能出現這張牌。雖然土地守護者會提供協助，但你也必須為自己的福祉負責。請想像在你自己周圍和你家周圍有一個保護罩。花時間與那些能提升你能量而不是消耗你能量的人事物相處。

這張「**土地守護者**」牌告訴你：你很安全，並且有一個防護罩圍繞著你。你並不孤單；你的生命受到更高力量的指引和保護。在這個保護中，你可以放心地翱翔至更高的高度。

Hummingbird Spirit

蜂鳥精靈

歡 樂

神聖森林裡，蜂鳥擁有令人讚歎的美麗光環，那是一種環繞在他們周圍的璀璨頻率。隨著牠們每次探入花中，光環的顏色和能量頻率都會改變。每隻蜂鳥都毫無畏懼地在你面前盤旋，在陽光下閃爍著彩虹般的色彩。牠們翅膀的振動聲聽起來就像宇宙音「嗡」一樣。

打開心扉慶祝和玩樂吧！誰說成長就必須要受苦呢？藉由追隨幸福和表達你的愛，你的靈魂也能突飛猛進地成長。請擁抱當下的生活、自己和他人吧！

如果你一直在等待，想要等到情況改變才允許自己體驗歡樂，那麼你可能會等很久。生命總是在改變。如果你此時不追求幸福，更待何時？

　　人生的目的就是要體驗歡樂！現在就朝這個目標邁進，同時保護好個人界限。你不必立刻完成所有事情，但你確實需要有個開始。快樂像野火一樣會蔓延給別人，並有助於療癒這個世界。

　　蜂鳥體型雖然很小，卻能飛得很遠，甚至能倒退著飛。他們的存在提醒我們：生命的重點不在於抵達目的地，而在於旅程的樂趣。

　　蜂鳥平均每天探訪一千朵花，由於消耗大量能量，所以有必要定期休息。請以他們為榜樣，記得為自己補充能量。

　　這張「蜂鳥精靈」牌告訴你：補充一下自己的能量。真正的快樂來自於遵循靈魂的指引。生活即變化。打開心胸接受改變，並尋找當下的歡樂。找到你的界限並堅守下去。發掘你的歡樂！一切都很好！

Maple Spirit

楓樹精靈

慷慨

在楓樹的大樹枝下，動物們受邀前來休息。你隨時都可能看到一隻雌鹿和牠的幼鹿蜷縮在正午的樹蔭下。松鼠爬上樹幹，在樹枝間飛奔；一隻兔子停下來嗅聞空氣。

大大小小的生物都被吸引到楓樹的樹蔭下歇憩。

你所付出的將會十倍回報給你。生命中有接受的時候，也有給予愛、服務和物質的時候。這張牌顯示，現在是全心全意付出的時刻。付出時不要考慮你會得到什麼回報。當你這樣做，你就進入宇宙的流動中，祝福就會傾注在你身上。

楓樹被視作一種十分古老的樹種，它們能夠承受

環境變化，並能在各種氣候下生存繁衍。有些傳統相信楓樹會為周圍的人帶來力量。如果你割開楓樹樹幹，會流出一種甜美汁液，它象徵著為你的生活帶來甜蜜。

　　這張「**楓樹精靈**」牌告訴你：敞開心扉接受宇宙的恩賜；同時，對他人、對自己都要慷慨。你身上將會散發出一股靈性的溫暖。發自內心分享並以開放的心接受，成功就會綻放。

Meandering Pathway
蜿蜒路徑

流動

你沿著小路漫步，不確定下一個轉角會出現什麼，但你
很享受這一刻。你凝視著樹葉間的明暗交錯，吸入清新
的森林空氣。一切都很好。你知道你不必在意目的地，
只需享受旅程。

　　當生活給你一條蜿蜒小路而不是直達目標的康莊
大道時，你可能會感到挫敗。你可能會抱怨這條路似
乎漫無目的、迂迴曲折，而且你看不到前方有什麼。
不過，另一方面，你也可以只是單純享受旅程。如果

目前的生活似乎有一些曲折、彎道、原地打轉，請不要絕望。一切都是它該有的樣子，一切都是最好的安排。這張牌建議你放棄對前方道路的控制，看看它會帶你到什麼地方。

你不必握有所有答案才能成功。你不需要知道明天會發生什麼來擁有令人讚歎的未來。只需順其自然並享受旅程即可。你會準確到達你需要到達的地方，而那裡符合你靈魂的最高利益。

這張「**蜿蜒路徑**」牌告訴你：當你允許人生蜿蜒路徑的流動時，一切都會水到渠成。請讓這條路帶你前往你需要去的地方。不要著急或抗拒。只需放手、臣服，並享受旅程。

Moonlight Enchantment
月光魅力

魔法

夜色中傳來一匹狼的嗥叫聲，悠揚不絕。滿月的光輝讓整座森林沐浴在一片銀光中。仙子和小淘氣以及動植物精靈們紛紛現身，參與歡樂的慶祝之夜。森林裡洋溢著歡欣的氣息。

魔法就在你身邊。連接不同世界之間的帷幕在此刻變得很薄；仙子、小淘氣、天使和精靈只是一念之遙。這確實是一個神奇的宇宙，而開啟通往這些領域之門的鑰匙就是信任。一切都可能不像表面看起來的

那樣。在月光的保護下，宇宙的魔法圍繞著你。即使天黑了，月光也會為你指引道路，提醒你要相信自己的感覺。你是安全的。即使你看不到，也要相信「看不見的存有」正在以神祕且奇妙的方式支持著你，以符合你的靈魂最高利益。

　　這張「月光魅力」牌告訴你：要相信魔法！你正在從聖靈那裡獲取強大的神祕訊息。花點時間去聆聽。讓月亮那光明、開放的能量啟動你的創造力。你正在接收神祕訊息，且同時也是其他人的靈性訊息傳遞者。

Mystic Meadow

神祕草地

庇護所

森林裡的生物和神祕存有都知道，樹林中央的草地是一個安全空間，在那裡可以真正放鬆且感到舒適。當你踏進這片發光的草地時，經常能看到動物，例如一頭鹿蜷縮在熟睡的熊旁邊，狐狸和兔子並肩休息。獨角獸、仙子、小淘氣都聚集在這片神祕草地上。你感到放鬆、健康且清明。

出現這張牌是為了提醒你，應該補充你的內在資源了。現在是更新你的能量並優先考慮滿足自己需求的時候。請練習實踐極致的自我照顧！保護自己免受生活中不太正面的影響。

這張牌的訊息是尋求庇護。退回自己的家中，或待在讓你有歸屬感的地方，與讓你有歸屬感的人共度時光。修補物品、整理個人財物，以及修補人際關係。未來可能會有一波巨大的能量爆發，但除非你利用這段時間打好基礎、滋養自己，否則你可能會被事情壓垮，並錯失日後的機會。

這張牌也可能意味著，繁盛與擴展就在眼前。成功的花朵等待著你。療癒能量正在增長，美好事物即將到來。

這張「神祕草地」牌告訴你：從你的內在泉源汲取養分。成為他人的庇護所。進入內在，傾聽你靈魂的聲音。取得你的神性指引。如果你一直在掙扎或努力，請休息一下，撤退、休息、放鬆。去度假或安排一次靜修。

Owl Spirit
貓頭鷹精靈

智慧

太陽下山了，你感覺到有種非凡的轉變正在發生，你的身體變成一隻貓頭鷹！你展開巨大的翅膀，悄悄飛到最高的松樹頂上，俯瞰月光下的森林。即使在黑暗中，你也能看到最微小的細節，這是了不起的能力。你的視野擴大了，你看到森林之靈的發光體。這些發光體用愛和關懷向你發出信號。

現在，只需將你的覺知往內拉，就能獲得豐富的洞察力、深刻的威嚴與恩典。古老的智慧正在顯現。你知道真相。現在要相信你的直覺和感知。你是一個真相尋求者及真相分享者。貓頭鷹在黑暗中的卓越視

力與你感知現實情況的能力相對應，即使在最昏暗的條件下也是如此。當這張牌選擇你時，你即將處於一段深刻啟發及轉變的時刻。

貓頭鷹停在雅典娜和魔法師梅林的肩膀上，揭示著神聖的真理。在某些原住民文化中，貓頭鷹被稱作「夜鷹」，因為它具有鷹的威嚴，卻在黑夜裡默默工作。這張牌也可能意味著，是時候擁抱你的黑暗面和光明面了。透過這樣做，你將會保持平衡。

這張「貓頭鷹精靈」牌告訴你：要相信你有能力看到最深層的真相，不論是對於情況還是人。智慧正以神祕的方式在你內心增長，超越你的覺知。這是報名參加啟發課程的好時機。來自聖靈的訊息就在你周圍。去尋找這些訊息並相信你的感覺。

Pegasus

飛馬

超越

抓穩鬃毛！飛馬正載著你躍向天空。這匹長著翅膀的馬越飛越高，你可以感覺到疾風吹拂而過，牠的肌肉在你下方如波浪般起伏。當你越來越接近蒼穹，你越能深切地意識到牠的威嚴和力量。

歷史上充滿著關於有翼飛馬的神話與傳說，牠是靈魂保護者。飛馬象徵靈魂的不朽以及通往天國的旅程。這張牌的出現是一個徵兆：準備好展開一段戲劇性的靈性旅程吧！一場強大的轉變近在眼前，你的人生可能會有偉大的事情發生。準備好讓自己高飛，超越逆境。

飛馬躍升到塵世之上，提供了較高的天空視角。花點時間冥想，關於自己人生的深刻見解將揭露出來。請從較高的觀點看待眼前情況，遠離他人的戲劇和情緒操縱。

　　有一些故事描述當飛馬的蹄觸及大地時，該處就會冒出新泉水。生命將重新展開。在希臘神話中，飛馬與啟發創造力、人文藝術、音樂、科學、詩歌和視覺藝術的九位繆斯做朋友。因此，飛馬是創造力的象徵。這裡的訊息是要你專注於內在不可思議的創造力、生命力和靈性覺醒！

　　這張「**飛馬**」牌告訴你：你正在進行一場靈魂的朝聖之旅。是時候超越塵世的重擔了。飛越那些拖累你的情況。不要讓自己捲入別人的戲劇中。當你憶起自己來自「永恆不朽的靈魂（靈性）層面」時，具挑戰性的情況就會得到解決。一場深刻的轉變近在眼前。

Phoenix

鳳凰

轉化

森林的邊緣矗立著一座山。前往頂峰的旅程既漫長又艱辛，路途中有巨石和滑坡，前方狀況難辨。但你依然攀登，你知道有非比尋常的事情在等著你。當你終於抵達山頂時，你的視線越過一塊巨石，落在一個大型的火堆上。一隻年老、疲憊的鳳凰出現在視野中，牠拖著翅膀，奮力將自己投入火中。火焰越竄越高。當火勢熄滅後，從灰燼中出現一隻重生的鳳凰，色彩鮮豔，比太陽更耀眼。牠帶著銳利的目光直視著你，從山頂翱翔離去。

你的生命正在改變，也許是以你意想不到的方式發生，但它十分美妙。轉化是從一種存在狀態變成另

一種存在狀態的過程，或是從一種元素變成另一種元素。鳳凰因為在火中轉化而具有傳奇色彩。牠浴火重生，拋開老舊疲憊的自己，成為一隻熱情、狂野、自由的鳥。

有些你認為可能永遠不會改變的事情，正在演變成令人驚奇的事物。這不是一個結束，而是一個光明、燦爛、嶄新的開始。看似黯淡的情況正在轉變為絕佳機會。請放掉期待和限制性思維，因為事情並不像表面所見那般。

這張「鳳凰」牌告訴你：你的生命即將發生重大變化。感覺像是結束，其實是開始。從火焰和灰燼中挺立而出，你正在進入一個新的循環。即使人生在某些面向顯得陰暗，但這只是重生之前的清理。堅持下去。最好的還在後頭！

Pine Spirit
松樹精靈

淨化

一層柔軟的雪覆蓋在神聖森林的松樹上。你能感覺到，即使在嚴冬，每棵松樹都湧動著強大的生命力。當你碰觸到松樹枝，雪被擾動並輕柔地落到森林地面上。僅僅是輕觸松針，你就能感覺到你的整個能量場被淨化了。

你的能量場正在被清理掉所有不需要的東西。傳統上，松枝被用於清理儀式中，因為古人崇敬其淨化特質（松樹精油也具有抗菌及防腐作用，有助於保護人們免受有害細菌的侵害）。這張牌的出現帶來一個訊息：凡是對你沒有用處、不支持你、不能賦予你力量的，都要放掉。請放下生活中任何讓你感到沉悶、

陰暗的東西。

藉由打掃、清理空間及去除雜物來淨化你的身體和環境。當你的氣場雜亂、能量昏暗時，你就無法看清楚世界，並且很難聽到來自聖靈的訊息。

是時候斷捨離了！要吃得清爽、活得輕快。在燦爛、活潑的新週期開始之前，必須先放掉老舊事物。屆時傾注在你身上的光輝可以照亮你的人生，也可以幫助很多人，但首先必須先將路障清除掉。

這張「松樹精靈」牌告訴你：丟掉老舊、廢棄、用不到的東西。請淨化清理你的家、你的身體和你的生活。凡是對你無用或不支持你的，通通放掉。花點時間全面淨化。你將感到更明亮，並成為更清澈的光之通道。

Rainbow Waterfall

彩虹瀑布

奇蹟

波光粼粼的瀑布傾瀉而下，注入水晶般清澈的水池，周圍的林間空地上長滿蕨類植物。一道閃閃發光的彩虹懸浮在水池上方，並在水中形成搖曳的倒影。妝點著繽紛色彩的仙子和小淘氣們在蕨叢中窺視。蝴蝶俯衝潛入水中，身上如萬花筒般的色彩在陽光下熠熠生輝。

暴風雨過後的彩虹，代表著對光明未來的希望與承諾。要知道，宇宙的禮物正在流入你的生活！這是你的時機，要放下恐懼和懷疑。一切都很好。

你並非孤立無援，請讓造物主介入並以神祕且奇妙的方式為你解決難題。在某些信仰中，彩虹被視作上天賜予「一切平順」的承諾。請記住，你的生命是一個奇蹟。

　　正如彩虹承載著電磁場的所有顏色和光譜，水則是情緒和感覺的元素，你的心也會越來越開闊。你接受愛和給予愛的能力正在擴大。

　　神話也提到彩虹盡頭的金子；因此，彩虹預示著前方有寶藏。不要預期奇蹟應該如何發生，以免限制了奇蹟出現在你生命中的方式。當它們出現時，無論多麼微不足道，都要慶祝。

　　這張「彩虹瀑布」牌告訴你：奇蹟每天都在你周圍發生。留意並擁抱它們。放下恐懼和懷疑。當你注意到並接受生活中的小驚喜時，更大的禮物就會以令人驚嘆的方式在你周圍滋長。請打開心扉接受。

Raven Spirit
烏鴉精靈

真相

你抬起頭,看到樹枝上有一隻烏鴉凝視著你,感覺就像他在直視你的靈魂。他俯衝下來,停在你的手上。令人驚訝的是,牠開始說話,牠告訴你關於人生更深層的真相。牠提醒你專注於重要的事情,並告誡你要在生活中做出能榮耀真相的選擇。

在你人生的這個時刻,需要絕對的誠實。古希臘人認為,烏鴉會捎來眾神的訊息。由於烏鴉具備敏銳的視力,所以被視作真相的使者。靈魂鍾愛真相。關於你的生命,真相是什麼?請對自己誠實,並發自內心說話。傾聽別人真誠的話語,遠離那些精明狡黠的

雙面人。

關於「活出真實人生」，最困難的事情就是如何確切地知道那是什麼。不過，你內在有一個地方始終知道什麼是真、什麼是假。要放掉那些「讓你因為害怕被批評或不被接納而不敢太誠實」的情況和人物。探究什麼對你來說是真，可能需要花點時間，可一旦你知道了，就放掉生活中任何不真實的事物。當你變得真誠時，奇蹟就會隨之而來。

烏鴉也被視作仙后（Queen of Fairies）的圖騰和保護者。

這張「烏鴉精靈」牌告訴你：靈魂喜愛真相。找到你的真相。說出你的真相。活出你的真相。在你的旅途中無所畏懼。遵循你的內在指引。放開生活中不真實、不誠摯的東西。成為閃閃發亮的真實典範，為他人樹立榜樣。

33

Reflecting Pool
倒影池

靜止

你站在森林池塘邊柔軟的苔蘚上，看著自己的池中倒影。一陣微風吹過，水面泛起漣漪。你的影像搖動擺盪，直到風靜止下來才恢復。在這一刻寧靜中，你感受到自己內在的力量泉源。你看著自己的倒影轉變成最高層次的你，多麼美麗優雅！

在靜止中，你的力量會逐漸浮現。請深入你內心神聖的見證者，發掘你靈魂的居所。在深刻的安詳寂靜中，你可以發現自己存在的真相。

如果你處於痛苦之中，就讓自己進入靜止狀態，直到找到根源為止。要抵擋住「沉溺於壓力感、緊迫

感和危機感」的誘惑中。總是有一個更高的真理存在，去把它找出來。你的靈魂喜愛真實與坦誠。

在寧靜中，真相會浮出水面。請擺脫生活的喧囂吵鬧，進入甜蜜的靜止狀態。讓外界的混亂從你背上滾落，就像水從鴨子背上滾落那樣。臣服、尋求獨處，以便聆聽聖靈的聲音，平靜將隨之而來。

這張「倒影池」牌告訴你：在寧靜中，你會找到你靈魂的棲息地。花點時間進入寧靜狀態，你會發現內在湧出大量洞見。面對生活中層出不窮的狀況，暫且退避；在回應之前，花點時間省思一下。

Secret Spring
祕泉

成功

你站在祕泉邊緣的蕨叢後方，凝望平靜的水面，看到一艘船靜悄悄地駛向你，船頭輕輕掛著一盞燈。祕泉仙子漂浮在船的上方，她的翅膀閃閃發光。她知道你在那裡，並且對你微笑。據說，凡是在星夜看到祕泉仙子的人，都會受到祝福，獲得不可限量的成功。

凡事皆有可能。你越是榮耀和慶祝你已經擁有的成功，就會有越多的成功注入你的生活。你越「感覺」得到，就會擁有越多的愛、富足、名聲與財富。當你表現得「宛如」非常成功，也感覺到「宛如」非常成功，就會發展出更多成功。接受你已經蓬勃發展

的事實（你「確實」如此），就會有更多勝利浮現。如果某種情況似乎將你擊倒，請站起來，花點時間探索你學到的東西，然後繼續前進。

在凱爾特傳統中，祕泉具有神奇作用。水是生命之源，在他們的傳說中，神祕生物會從泉水中冒出來，之後再透過泉水返回。據說仙后和神話英雄們都是從泉水中現身的，而這些神聖泉源是與神交流的地方。好運會降臨那些尊敬祕泉精靈的人。

這張「祕泉」牌告訴你：成功正在流入你的生活。你的身體正在煥發青春活力。現在是採取行動、幫助自己實現夢想的時機。不需要掙扎，宇宙會支持著你。

Spirit Guardian of Autumn

秋之守護精靈

放手

一陣溫暖秋風襲來，紅、橙、黃、棕各色樹葉在你周圍飛舞。在風精靈的引導下，色彩和光芒交錯舞動，微風吹拂令樹葉盤旋而上。生命的大循環中，樹木在秋天脫去葉子，以便來年春天萌發新芽。這是大自然生命循環的一部分。

臣服。一切都很好。你不必孤軍奮鬥；造物主就在你身邊。學會放手可以幫助你療癒對掌控的需求、期望落空的壓力、需要決定事情走向的痛苦，以及希

望別人以特定方式行事的緊張感。這些事情都會導致負面情緒。放手可以開啟「放鬆、療癒和成功」的空間。

誠然，有些時候你必須堅持下去，宛如命懸一線、奮力一搏那樣。但現在是臣服的時候。你並不是屈服於外在勢力，而是在向「你的內在指引及你的靈魂」保持開放的態度。當你放手時，宇宙的創造力就會流經你。

以大地為依歸的文化認為，在一年中，春分、秋分、夏至、冬至四個節氣具有深刻的靈性意義。對那些原住民來說，秋天是事物放緩的季節，它是改變、反省、收穫、為下一季做準備的時刻。

這張「秋之守護精靈」牌告訴你：放掉控制，讓聖靈接管。你不需要憑一己之力做每件事。釋放生活中對你無益的一切。清理你的生活。只需打開心扉並且放手即可，讓聖靈來幫助你、支持你。

Spirit Guardian of Spring

春之守護精靈

啟動

水仙花從肥沃的深色土壤中探出頭來，樹木紛紛冒出小綠芽，空氣中洋溢著聒噪的鳥鳴聲。繁花錦簇，大大小小的生物在森林裡肆意蹦跳奔跑，陶醉在春天的燦爛能量中。新一輪的週期又開始了。

不要猶豫，就是現在！請採取行動。如果你感到猶豫甚至害怕，也沒關係；試著面對恐懼，無論如何都要去做。有時候，在每個行動之前，退一步仔細思考是有必要的，但現在不是退後的時候。請帶著勇氣

與決心向前邁進，一個嶄新的開始等著你。

　　你可能會經歷一些混亂或動盪，但那都是這個令人興奮的啟動時刻的一部分。不要讓動盪擾亂你前進的軌道。要勇敢、直率。迅速且自信地做出決定，然後以鋼鐵般的決心付諸行動。

　　在古代，人們會舉行春天的儀式來除舊布新。春天被視作新生命、新開始的時節：種子發芽、雞蛋孵化、動物分娩。春天也意味著希望、更新、成長、青春和愛，舉行儀式就是為了榮耀生命的這種轉變。

　　這張「春之守護精靈」牌告訴你：做好準備，巨大的改變即將到來。那些一直在醞釀中的事情，現在即將落實。一場深刻的轉變近在眼前。要冒險。繼續前進。為這個動盪、起伏和更新的時刻做好準備，最終結果將是輝煌的！

Spirit Guardian of Summer

夏之守護精靈

擴展

神聖森林中，夏之守護精靈已經蒞臨。大串的紫色漿果沉甸甸地掛在藤蔓上。蘋果樹結滿了閃亮、成熟的紅色果實。蜜蜂的嗡嗡聲充斥整座森林。草長高了。森林裡生氣盎然，瀰漫著醉人的花香。

活力、健康、成功、豐盛、療癒和熱情正在你的生活中擴展。然而，你不能坐著等它發生。夏天的能量是以「懷抱熱情朝著夢想的方向努力」為主。請全力以赴，巨大的回報將隨之而來。不要坐在旁邊當旁

觀者；要認真工作，也要認真玩。你的辛勞將會得到回報。

如果你在這段時間退縮並壓抑自己的感受，你將變得枯竭，精神也會衰弱。現在不是照顧別人的時候，而是懷抱熱情與喜悅向前邁進的時刻。你會很高興自己做到了。

夏季期間，我們可以獲得最多的地球能量。這個時候，我們能接觸到最大量的陽光與靈性之光，能讓太陽的力量注入我們心中。

這張「夏之守護精靈」牌告訴你：帶著熱情工作。不要退縮。現在要朝著夢想的方向積極邁進，日後便能收割成果。努力工作將帶來豐盛、獎賞與美好。慶祝吧！享受你勞動的果實。

Spirit Guardian of Winter

冬之守護精靈

靜 修

夜幕低垂，氣溫逐漸下降。你沿著雪地小路來到一間小木屋前，窗戶透出閃爍的金色燈光。你踩了踩腳上的雪，打開門，走進去。頃刻間，爐火的熱氣和濃湯的誘人香氣將你包圍。一張軟墊大椅等你入座。你蜷縮在爐火邊的椅子上取暖。

這張牌顯示，現在該遠離那些不能賦予你力量或支持你的人事物了。放下那些讓你精疲力盡的事情或人物，並保護自己免受負面的影響。是時候更新你的

能量了。為未來孵化你的夢想，為明天制定計畫，但請記住，這是一個休息調養的季節。

　　冬天是補充你內在資源的時節。請照顧你的身體與健康；修補及整理家裡的物品；修復生活中需要修復的一切。走進神聖的寂靜，去發掘內在的答案。春天的能量即將噴發，但你一定要做好準備，一定要打好基礎；否則，它可能會讓你不知所措、失去平衡。

　　從靈性上來說，冬天是靜修與更新的季節，應該要靜止下來，並評估你的人生和未來。冬之守護精靈提醒我們，停止忙碌的生活，並且放鬆。

　　這張「冬之守護精靈」牌告訴你：進入你內心深處安靜的地方。更新、退隱、修復你的身體，以及物品和人際關係。檢視你的生活，並進行必要的調整。留意你的夜間夢境。冥想並尋找來自聖靈的訊息。

Stag Spirit
雄鹿精靈

領導力

一頭威嚴的雄鹿屹立在一座青苔覆蓋的山丘頂上。牠的高貴和優雅顯而易見。每次牠呼氣時，你可以看到牠鼻孔周圍形成的霧氣。牠不需要宣揚自己的實力。牠的強大昭然若揭，不言自明。

在許多傳統中，都將神祕且難以捉摸的白色雄鹿視作森林之王。高貴的鹿角加上驕傲的姿態，讓他自帶指揮若定的能量。這張牌正在召喚你主導自己的人生。現在是走出陰影並成為他人燈塔的時候了。不要讓任何人事物遮擋你的光。

你可能會被委以高位。即使過去的你一直居於幕

後，此刻也該是你站出來發光發熱的時候了。請記住，領導者未必是由年齡、地位或收入來定義的。真正的領導者能發號施令、懷抱熱情且激勵人心。他們具有遠見，也能做出清晰有力的決定。

最偉大的領導者知道如何服務他人，並成為他人實現夢想的墊腳石。只要做你自己，就能賦予他人力量，做你自己就已經功德圓滿。你是否願意走入光中，並成為他人的領導呢？

在歐洲民間傳說中，白色雄鹿象徵著非凡的冒險。在其他民間傳說中，雄鹿是一種仙獸，代表著對靈性智慧的追求。這些主題可能會在不久的將來出現在你的生命中。

這張「雄鹿精靈」牌告訴你：你將啟發他人登上高處。請踏上你人生的領導位置，你是別人的燈塔。在你自己的生命中綻放光芒。要善待自己和他人；但不要自我設限、把格局做小了。採取行動。這是你發揮的時間，上場吧！

Standing Stones
巨石陣

通道

你行走在神聖森林中央，遇到矗立成圈的巨石。你知道，不可草率踏進這個神聖石陣內，這件事舉足輕重，不能等閒視之。你懷抱著莊嚴恩典之心進入，立刻就感覺到內在發生轉變，彷彿你靈魂的閘門打開了，你的內在正在下載宇宙資訊。

許多人相信巨石陣能讓人展開靈性旅程，從一個領域前往另一個領域。它們也可能標示著，從一個人生階段過渡到另一個人生階段。請記住，儘管生命會改變，但你的靈魂是永恆的。要慶祝生命中的所有轉變，你將體驗到深刻的和諧。

一場心靈之旅就在前方。這可能是一趟物理上的旅行，或是靈性上的旅程；無論哪種情況，都是一種神聖的朝聖。要有勇氣。大船停泊在港口或許可以保持安全，但這並不是大船存在的目的。要樂於張開風帆，航向大海。海面可能波濤洶湧、風勢強勁，但你是安全且受到保護的。巨石陣會準確地將你帶到需要去的地方。

　　自人類誕生之初起，就創造了巨石陣作為儀式場所，以及對神的崇敬之地。考古學家已經發現幾處可以追溯到公元前4000年的巨石陣。新石器時代的人類沒有文字，然而，從他們的藝術和石圈（有時呈橢圓形或馬蹄形）顯示，他們會在這些儀式聚會場所舉行宗教儀式。

　　這張「巨石陣」牌告訴你：神聖旅程就在前方。更深層的意義等著你去發現。你是安全的。

Starry Night

星夜

接納

透過松枝，你看到萬千星斗在頭頂上熠熠生輝。寂靜夜色中，你聽到輕柔歌聲，每顆星星都有自己的旋律，所有音符匯聚成一首壯麗的歌。當宇宙的頌歌傾瀉而下時，你感到自己的靈性提升了。

　　你知道你在這顆星球上佔有獨特且非凡的一席之地。請讓造物主的祝福灌注到你的生命中。你值得擁有這份恩典，以及更多。請擁抱自己的所有，接受你的莊嚴。

　　有時候，想要全然接受原本的自己，可能有點困難。當你不尊重自己的所有時，實際上你就是在否定

自己完整的人生體驗。人世間沒有錯誤的經驗，每一次經歷都可以讓你的靈性獲得成長。

有人說，他們永遠無法接受在這顆星球上所發生的黑暗行為。他們認為沒有必要去接受，有些事情錯了就是錯了。然而，為了帶給世界更多光明，你必須先接受自己的所有面向。當你否定自己的某個方面，那個方面就會主宰你的人生。你越接受自己，就擁有越多圓滿和生命能量。

這張「星夜」牌告訴你：擁抱你內在的莊嚴；接受人生所有的安排。每一刻都具有深刻的價值，即使看起來並非如此。原諒自己和他人。接受生命所提供的一切，和諧就會隨之而來。

Storm Spirit
暴風雨精靈

混亂

一場猛烈龐大的暴風雨席捲了整座森林。樹木來回搖擺。傾盆大雨落在你的頭頂和肩膀上。雷聲震撼大地，鋸齒狀的閃電劃破了黑暗的樹林。

這張牌認為潛在的混亂（或對混亂的需要）是你人生的療癒催化劑。靈性混沌能瓦解過時的信念，如此一來，廣闊、旺盛的生命能量便得以充滿你的生活。如果你現在正在經歷劇變，要知道其中隱含的能量有助於復原。請擁抱它，而不是否認或壓制它。你正在經歷各個層面的療癒。

當然，要花點時間在暴風雨中找到平靜，但也要

明白，混亂在許多方面都是有益的。它可以啟動你的創造性的生命力；或者，如果你的生活太過平靜，簡直達到停滯的程度，那麼這張牌顯示，現在或許可以在你的生活中製造一些混亂，嘗試以不同方式做事情，擺脫老舊的慣例。如果你總是提早，那就拖晚一點吧。在表面之下，深刻的轉變正在發生。

雖然很多人都認為大型暴風雨不會帶來任何好處，但大自然的每個環節都有其價值。例如倒下的樹木能為多種動物提供棲息地，閃電則有助於土壤肥沃。閃電中帶有足夠的電能來分離空氣中的氮原子，這些氮原子隨著雨水落到地上，與礦物質結合形成硝酸鹽，成為一種肥料。要在當前的動盪中尋找一線希望。

這張「暴風雨精靈」牌告訴你：打破過時的思維以及自我施加的障礙。拆除自我設限的圍牆。走進混亂並擁抱它，而不是試圖壓制它。去做一些出乎意料的事情吧！

Thicket of Thorns

荊棘叢

不確定性

你發現自己身處一片茂密的荊棘叢中。你試著向前走，樹枝卻纏住了你；你試圖往後退，棘刺阻礙了你的行動。不論你嘗試哪個方向，都會遇到阻礙。又長又尖銳的棘刺會造成疼痛，讓你寸步難行。別再掙扎，別再移動。深呼吸、放鬆，然後神奇地，灌木叢打開了，一條閃閃發光的小路映入眼簾。

　　當我們說某件事「棘手」時，意思是它很困難或具有挑戰性。如果你感覺自己在生活中的某個領域被

困住了……你的感受是對的。當你不確定要往哪個方向走時，請停下腳步。不要掙扎著前進，因為那樣只會讓你在荊棘叢中越陷越深。

前進的第一步是要先承認你目前的處境。與其聲稱自己沒有受困，不如接受事實。宇宙渴望你成功，它只要求你等待，直到路徑為你準備好。先承認真實的情況，然後等待，直到你有了明確的方向時，再慢慢地、有條不紊地採取行動。

童話故事《睡美人》中，有一道堅不可摧的荊棘籬笆圍繞著熟睡的公主、王室成員和城堡裡的每個人。一百年來，許多王子都試圖穿過這片灌木叢去找她，但都徒勞無功。終於，一位王子經過，灌木叢為他打開了，他輕輕鬆鬆便找到了公主。這裡的訊息是要你相信天賜良機。這位王子之所以勝利，是因為他在正確的時間出現。當時機正確時，「一切」都會水到渠成。

這張「荊棘叢」牌告訴你：時機就是一切。放下掙扎。你將獲得豐厚回報。

Toadstools
傘菌

成長

儘管森林地面看似平靜，但在地表之下迷人的魔法正在發生，傘菌正在生長和等待。然後，當條件合適時，整座樹林就會突然冒出傘菌，如雨後春筍般迅速生長。事情發生得如此之快，看似神奇，其實準備工作默默進行已久。仙子和小淘氣們歡欣不已，在仙女環[3]裡跳舞。

　　一直在表面下醞釀著的事情，即將開花結果。弄清楚你的目標和夢想，因為一切即將快速成長。做好準備！為了讓計畫落實，首先你必須對自己想要的東

---

3 仙女環（fairy ring），是草類自然排列形成的環狀圈，會突然出現又消失。許多民間傳說認為仙女環是因小仙子或精靈跳舞而形成。

西完全誠實。問問自己：「這是我真正想要的嗎？」
要相信真的有奇蹟！

此外，未來你可能會遇見一位靈性導師，或踏入
一條新的靈性道路。你可能會發現，僅僅透過做你自
己，就能為他人提供廣泛的靈性成長。請確保你的基
礎已經打好，因為這種成長一旦開始，就會踏上終身
的旅程。

真菌十分古老，遠在13億年前，它們是最先離開
水並在土地上開創生命的有機體。在森林中，它們相
互連接的絲狀根為整座森林提供富含蛋白質的食物和
生命。這個看似不起眼的傘菌祖先其實很重要，要不
是它們的根部具有賦予生命的特質，我們的原生針葉
樹根本無法存活下來。它們歷經千秋萬世，始終具備
成長和存活的能力，這象徵著無論生活為你帶來什麼
挑戰，你也具備成長茁壯的能力。

這張「傘菌」牌告訴你： 在你生活的表面之下，
奇蹟般的改變正在發生。你認為平凡的事情，實則非
凡。你正處於靈性與物質快速成長的時期。做好準備
並且堅持下去！

Unicorn
獨角獸

純淨

你透過高大的橡樹望向一片神聖草地。草地中央，站立著一頭光芒四射、高貴、純白的獨角獸，一縷陽光傾瀉而下。牠周圍的光環熠熠生輝、璀璨奪目，彷彿牠體內有一千顆舞動的星星將牠照亮。

當你準備好要走進孩童般的純真之境，並選擇用驚奇的眼光看待世界時，這張牌就會出現。傳統上，獨角獸代表純淨、天真、希望、信念、崇高理想，以及奇蹟。當你不再用過往的濾鏡看世界時，你將發現宇宙多麼新鮮奇妙。不要讓過去侷限你，要知道，人生可以重新開始。

當內在需要淨化和更新時，也會出現這張牌。請花點時間放掉那些無法對你的人生提供幫助和支持的東西，並見證奇蹟發生。

　　獨角獸是奇蹟、魔法和魅力生活的象徵。這種傳奇生物能讓看似不可能的事情落實。如果你有一個夢想，持續了一段時間仍未實現，那麼這張牌想告訴你，一切皆有可能。你內心的純淨正在顯現，現在是讓甜美和純真充滿你生命的時刻。請淨化你的生活，走進你與生俱來的純淨之中，並且要相信奇蹟。奇蹟即將到來！

　　這張「獨角獸」牌告訴你：無論生活中發生了什麼，都要回歸到你與生俱來的純淨天真。你有一個純潔的靈魂。你是造物主的孩子。放下過去，用新的眼光看世界，奇蹟將不可思議地大量出現。

Water Spirit
水精靈

顯化夢想

森林裡的溪流波光粼粼，水獺們跳入冰冷的溪水中，再
度浮出水面，競相游向岸邊，然後又跳回水中。小水
獺、大水獺、各種大小的水獺都加入戰局。小溪似乎因
為他們的滑稽動作而歡笑。

你的夢想可以成真。真的！然而，要讓這件事情
發生，有幾個必要步驟。首先，你要相信自己配得上
你的夢想。要知道你值得，而你「確實」值得！你的
言行舉止要像你的夢想已經成真那樣；要像願望已經
顯化的人那樣活動你的身體。最重要的是，你也必須
朝著夢想的方向採取行動。眼下不是坐享其成、被動

等待事情開花結果的時候。

請深切且充分地奉獻自己，因為你付出的越多，收到的也就越多。要允許你的情緒和感覺流動，不要抑制或隱瞞你靈魂的真相。當你專注於感激已經擁有的事物時，會有更多喜悅和豐盛在你的生命中增長。

傳統上，水能量代表你的感覺與情緒。就像所有事情那樣，太多情緒可能令人疲累，太少情緒則可能令人枯竭。當你的情緒流動如山間溪流般清澈時，你正處於一個重要時刻，可以清晰表達意向及夢想，屆時宇宙的力量將會回應你並協助你實現夢想。

這張「水精靈」牌告訴你：水是循環流動的，此刻你正處於一個顯化夢想的循環之中。不要因為懷疑或猶豫而停止流動。讓你的情緒自由表達。時機就是一切，現在正是屬於你的時機。

Wild Rose Fairy
野玫瑰仙子

愛

野玫瑰的香氣令人陶醉。濃郁芬芳在你周圍盤旋，直達你的心田。隨著一次又一次吸氣，你的心更加敞開、更加深邃。嬌嫩的粉紅色花瓣與閃亮的深綠葉子形成鮮明對比。色彩繽紛的蝴蝶在花叢中翩翩起舞。空氣中瀰漫著魔法！

　　愛就在你周圍；請打開你的心接受愛。所有人生體驗都是靈性進化的精彩環節，都是為了讓我們領悟「眾生皆是愛」。

　　關於戀愛方面，此刻正在進行療癒。你是一個神聖容器，可以讓愛流經你、流向別人、流向宇宙。療

癒已經發生；療癒正在發生；療癒將會發生。

你的天使、指導靈、靈性守護者和盟友都寵愛並珍惜你。如果你能從靈性層面看待自己，你就會知道你是多麼深切地被珍愛著。敞開心扉，讓造物主以奇妙的方式解決你的難題。要相信生命中的一切正在優雅且完美地展開。恐懼的對立面是愛；讓恐懼隨著愛的擴展而消失吧！

這張「**野玫瑰仙子**」牌告訴你：你比你想像的更受到珍愛。敞開你的心去接受。愛正在來臨的路上。你是一個可以讓愛流過的永恆容器。你本自具足，如你所是。

Willow Spirit

柳樹精靈

彈性

森林池塘邊長著一棵大柳樹，它的枝葉輕輕浸入水中。
隨著風起，優雅的柳枝來回搖擺，就像一個神祕舞者，
垂懸的柳葉慵懶地在水面上低語。

　　這張牌鼓勵你在生活中保持彈性。要願意彎腰，
甚至屈服。這樣做是有力量的，這是一種選擇，而不
是放棄你的意志。儘管有時候需要堅強挺立，但有時
候更大的勇氣反而是繞道而行，而不是迎頭面對。藉
由順應情勢，你可以成功，而不知變通的人則不然。
在狂風中，強壯的橡樹可能會折斷，柳樹卻能彎曲而
不斷裂。要適應生活，而不是對抗生活。臣服於過

程。正如柳樹經得起風暴，你也能承受生活中的挑戰。

關於柳樹，有許多傳說。它經常與眾神牽連在一起，例如黑卡蒂（Hecate）、阿提米絲（Artemis）和墨丘利（Mercury）。在古雅典，阿斯克勒庇俄斯（Asclepius）的祭司們有一種做法，就是在神殿裡放置柳枝，他們相信這樣可以帶來神祕的療癒力量。對詩人來說，柳樹也是神聖的，因為他們認為風吹過柳樹的聲音會影響詩人創作詩歌的靈感及表達。在凱爾特傳統中，柳樹一直被視作夢想、靈感和魅力之樹。

這張「柳樹精靈」牌告訴你：在生活中保持彈性。願意彎曲，而不是折斷自己。善於改變，你就會以奇妙的方式蓬勃發展。

Wise Woman of the Grove

樹叢女智者

恩典

樹林中的女智者向前一步，遞給你一個雕刻精美的木盒。「這是我送給你的禮物。好好守護它。」你小心翼翼地打開盒子，裡面放著一顆完美的紅寶石，它在光線下閃閃發光。「這是一個喜樂啟動器，」她說：「將它貼近你的心，當下你周圍、四面八方、一切眾生都會放鬆並找到喜樂。喜樂是你能送給別人的大禮。這份禮物來自恩典。」

當這張牌選擇你時，你即將處於一段充滿自在、

智慧、療癒、喜悅和靈感的非凡時刻。你聆聽聖靈之聲的能力正迅速擴展。靈性守護者正在以巨量的愛和仁慈關照著你。處於恩典狀態意味著受到神力的祝福。

恩典也意味著擁有足夠的內在高貴，即使你知道自己的觀點絕對正確，也不會據理力爭。你願意拋開成見，你知道在宇宙的偉大計畫中，它並不是那麼重要。此外，即使別人不明就裡，造物主也始終知道真相。有時候的確需要坦誠，但此刻不是這樣的時候。在你與他人的互動中要保持禮貌和優雅，請帶著愛和仁慈說話。

這張「樹叢女智者」牌告訴你：你可以放鬆並且放手，你的道路是受到指引的。靈性上的高貴正在你的內在成長。恩典的精神正在你生命中溫柔地展開。善待他人的真實，即使你不同意或你知道更多亦然。造物主知道真相。

Wizard of the Woods

樹林男巫

專注

一縷青煙從林間空地升起，瞬間化為一名男巫。他長長的灰色鬍鬚垂到胸前，身上發光的長袍不斷變換著各種綠色，從深翠綠到淺春綠，再到夏日豔草綠。他傾身向你，壓低聲音說：「你的願望就是我的指令。但是，你必須非常清楚並且專注在你真正渴望的東西上。」

世上存在真正的魔法。不過，想要體驗它，你必須能夠將你的意向引導到你夢想的方向。思想會顯化成事物，當你把思想聚焦在好事上，你就會吸引更多

正面經驗以及有愛心的人進入你的生命中。如果你把心思集中在那些行不通的事情上，你就會創造出更多困境。如果你對目前前進的方向感到滿意，請持續專注於你渴望的事物上，而不是你不想要的東西上。

想要發展內在力量，請聚精會神在「一件」事情上。另外，也要減少對這個目標而言非必要的活動，如此一來，奇蹟顯現也只是時間問題而已。

這張「樹林男巫」牌告訴你：把注意力放在有價值、充滿愛和美好的事物上；它們將在你的生活中顯化出來。專注於什麼，就會創造出什麼。現在應該選擇專注於一件事而不是一大堆事，並見證奇蹟發生。

51

Wolf Spirit

狼精靈

家族

你躺在森林地面柔軟的苔蘚上,正在小睡,這時一個濕潤的鼻子輕輕碰了碰你。你睜開眼睛,迎上一頭巨狼的目光。你起身而坐,察覺到周圍坐著一整群狼。你感到十分安全,並且奇妙地融入這個家族,成為它的一員。

你的家人會支持你、當你的靠山。對有些人來說,家人是具有血緣關係的人,但對其他人來說,朋友才是真正的家人。很多人可能會發現,與他們有靈性連結的那些人才是真正的家人。無論你的家人是誰、住在哪裡,此刻他們都在支持著你。你是安全的。

你可以放心跟家人說出真心話。這個時候要願意進行靈魂深處的交流，言談舉止都要發自肺腑，這樣做很療癒！

許多人對狼帶有誤解和錯誤的刻板印象。他們不明白，狼具有高度的社會性和忠誠度。家族對狼來說意味著一切。每個狼群成員都在家族的社會階層中占有一席之地。狼也是出色的溝通者。他們會以各種方式發出聲音，也會利用表情向狼群中的其他成員傳達意思。他們十分保護狼群中的其他成員，也喜歡玩耍，甚至成年後也是如此。

這張「**狼精靈**」牌告訴你：支持無處不在，即使你並未察覺。放下必須獨自完成事情的信念，其實你不必如此。現在是修補家族裂痕的時候。給予你的靈魂部落、家族和社群中的成員鼓勵。允許自己得到支持。

Wood Nymph
木仙女

美

三位木仙女（有時稱作森林女王）在接近樹根的苔蘚上伸展身姿，看起來嬌弱、精緻、明艷動人。她們沐浴在月光下，飄逸的薄紗長袍閃閃發光，彷彿由光製成。她們的夢境與幻象，半透明且輕盈地，在上方的空氣中飄動著。

光芒四射、光輝燦爛的美正在你內在成長。讓美成為你的北極星，指引你前行。凡是感覺起來、看起來可愛的，都能支持你、滋養你。你洞察周圍事物內在深度的能力，與非凡、華麗的生活直接相關。請在你的家中創造和諧與安寧，即使只是一些小事，比如

一瓶鮮花、一次香氛燭光浴，也能帶來改變。放輕鬆，讓自己沉浸在舒適雅致之中。

當你認可的美越多，在你周遭的環境（不論是你自己或他人身上），就會有越多的美充滿你的生活。你真的十分亮麗可愛。當你珍惜自己時，你周圍的光就會增長。

古希臘民間傳說中的仙女（寧芙）是森林中美麗的超自然生物。拿到這張牌象徵著你的內在美和外在美正在成長。有許多記載，描述旅行者穿越森林時，看到木仙女沐浴在陽光下、洞穴中，或在溪流、池塘邊唱歌跳舞。請以仙女為榜樣：放輕鬆，花時間待在大自然裡，開心地唱歌跳舞。

這張「木仙女」牌告訴你：非凡的靈性之美正在你的內在成長。覺察你周圍的美，你的生活將更加絢麗。為你的家創造美感，即使以微不足道的方式進行，也會讓你從內在散發出優雅。

關於繪者

　　史考特・布雷登塔爾（Scott Breidenthal）是一位優秀的藝術家與平面設計師，經營設計工作室多年。他在加州帕薩迪納的藝術中心設計學院取得藝術學士學位。目前，史考特正在為一些重點客戶進行數位拼貼創作。閒暇時，他會騎馬以及參與牛仔競技的團隊套牛活動。史考特的Instagram：@scottbreidenthal。

關於作者

丹妮絲・琳恩（Denise Linn）的個人靈性旅程始於17歲時的一次瀕死經驗，這場瀕死經驗及奇蹟式康復改變了她的人生，讓她踏上靈性追尋之路，探索眾多文化的療癒傳統，包括她自己的切羅基祖先、澳洲荒野的原住民、非洲波布那的祖魯族等文化。她曾追隨夏威夷的卡胡納（薩滿）兼靈氣大師高田哈瓦優（Hawayo Takata）接受訓練，也曾受到紐西蘭的一個毛利部落正式接納其成為一員。此外，丹妮絲還曾在佛教禪寺裡禪修兩年多。

丹妮絲是自我發展領域的國際知名講師。她寫了19本書，被翻譯成29種語言，包括暢銷書《神聖空間》（Sacred Space）和得獎的《靈魂風水》（Feng Shui for the Soul）。丹妮絲曾出現在世界各地的多部紀錄片和電視節目中，並創辦了紅蓮女子神祕學校，提供專業認證課程。欲知丹妮絲的認證課程及講座資訊，請造訪她的網站：www.DeniseLinn.com。

國家圖書館出版品預行編目(CIP)資料

神聖森林神諭卡：運用52張牌連結聖林的高頻能量,聆聽宇宙
給你的智慧啟發 / 丹妮絲.琳恩(Denise Linn)著；許淑媛譯. --
初版. -- 新北市：大樹林出版社, 2024.07
　　面；　公分. -- (change；16)
譯自：The sacred forest oracle : 52 cards to open energy
portals of a higher dimension
ISBN 978-626-98295-7-6（平裝）

1.CST: 占卜

292.96　　　　　　　　　　　　　　　113005088

系列／Change16

神聖森林神諭卡
運用52張牌連結聖林的高頻能量，聆聽宇宙給你的智慧啟發
The Sacred Forest Oracle: 52 Cards to Open Energy Portals of a Higher Dimension

作　　　者／丹妮絲·琳恩（Denise Linn）
譯　　　者／許淑媛
總 編 輯／彭文富
編　　　輯／賴妤榛
校　　　對／王瀅晴
包裝設計／FE設計
排　　　版／菩薩蠻數位文化有限公司
出 版 者／大樹林出版社
營業地址／23357新北市中和區中山路2段530號6樓之1
通訊地址／23586新北市中和區中正路872號6樓之2
電　　　話／(02) 2222-7270　傳真／(02) 2222-1270
E – mail／notime.chung@msa.hinet.net
官　　　網／www.gwclass.com
FB粉絲團／www.facebook.com/bigtreebook
發 行 人／彭文富
劃撥帳號／18746459　戶名／大樹林出版社
總 經 銷／知遠文化事業有限公司
地　　　址／222新北市深坑區北深路三段155巷25號5樓
電　　　話／02-2664-8800　傳真／02-2664-8801
初　　　版／2024年07月

THE SACRED FOREST ORACLE by Denise Linn
Text © 2021 by Denise Linn
Originally published in 2021 by Hay House Inc. US

定價／820元　港幣／273元
ISBN／978-626-98295-7-6

大樹林學院

Line 社群

微信社群